PRINCIPES POLITIQUES

Sur l'Autorité Royale

ET

Sur les Devoirs des Sujets.

Extraits des œuvres de BOSSUET, *Évêque de Meaux.*

Un Roi ne peut faire respecter les lois,
et faire le bien qui est dans son cœur,
qu'autant qu'il a l'autorité nécessaire.
TESTAMENT DE LOUIS XVI.

VITRY-LE-FRANÇOIS,

DE L'IMPRIMERIE DE MARTIN-NICAISE,

1817.

PRÉFACE.

Après une révolution qui a si long-temps porté le trouble et le ravage dans toutes les contrées de l'Europe, et qui, préparée durant plus d'un demi-siècle, par une licence effrénée de penser et d'écrire, a ébranlé les fondemens de la société, il n'est pas étonnant que la génération présente ait oublié les anciennes traditions sur l'Autorité royale et sur l'obéissance due au Souverain. Si l'on avait des notions plus justes sur les vrais principes de la politique, on serait sans doute convaincu que la stabilité et la force des empires dépendent autant de la soumission des sujets, que de la puissance plus ou moins étendue de ceux qui les gouvernent. Mais que sera la politique par elle-même, quelle sanction aura-t-elle pour tempérer le pouvoir des uns, et réprimer la révolte des autres, si elle n'est fondée sur la première de toutes les autorités, celle de la religion. Aussi tous les anciens législateurs ont mis Dieu à la tête de leurs institutions, et s'écarter de cette règle sacrée, c'est se livrer à des troubles et à des dissentions, dont le terme est la chute et la ruine des empires.

C'était avec une grande sagesse que nos ancêtres disaient *Dieu et le Roi*, ne séparant pas
l'un de l'autre, parce qu'en Dieu ils considéraient
le souverain maître de l'univers, et dans le Roi,
l'image de la Divinité. Ils disaient aussi, *si veut
le Roi, si veut la loi*, l'un étant inséparable de
l'autre : et effectivement, la loi est le lien qui
unit les sujets à leur Prince ; car de même que
l'homme ne peut être attaché à Dieu que par la
pratique des lois religieuses, de même aussi il ne
peut être attaché à sa patrie et à son Souverain
que par l'obéissance aux lois civiles.

Le nom de Roi était si imposant pour nos
pères qu'ils ne le prononçaient qu'avec le plus
grand respect, et jadis il était reçu en Europe,
que quand on prononçait ce nom seul, cela
s'entendait toujours du Roi de France (*).

Par quelle raison aujourd'hui voit-on si peu
de respect pour ce nom sacré, si ce n'est que

(*) Ce nom, en latin *Rex*, qui vient du grec *reô*
écouler, parler, signifie celui qui a l'action de la parole, qui a l'autorité de parler : vraie et noble étymologie, puisque, dans le ciel comme sur la terre, tout
se fait par la parole. Il en est de même en hébreu, où
Mélckh Roi, vient de *mall*, parler, et a une semblable étymologie.

parce qu'on a oublié les principes religieux qui, depuis tant de siècles, ont fait notre bonheur et notre gloire. On veut bien le Roi, mais chacun le veut à sa manière, chacun veut qu'il gouverne selon ses préjugés et ses passions. Nous devons croire que les Rois, par cela seul qu'ils sont élevés au-dessus des autres hommes, ont reçu du ciel une intelligence non ordinaire pour gouverner leurs états, et même quand il arriverait que le Prince pût se tromper dans ses moyens, il est plus avantageux aux sujets de se soumettre sans murmure, que d'avoir raison contre lui, parce que de l'obéissance dépend la sûreté de l'état.

Nous ne connaissons pas les secrets des Rois, encore moins ceux de la Divinité, qui peut permettre un mal passager pour en tirer un bien futur que nos faibles conceptions ne peuvent prévoir. Ainsi donc, blâmer les choix qu'il plaît au Souverain de faire pour remplir les fonctions de la société, c'est attenter contre son autorité, c'est déjà se mettre en révolte ; et on n'a plus le droit de se plaindre des maux infinis que nous a causés notre révolution, quand on en conserve tous les élémens dans son cœur.

Il est quelquefois, j'en conviens, des circonstances où la soumission à l'autorité est un devoir pénible, surtout si cette autorité, illégitime dans son origine, n'a pas encore acquis la sanction du temps. Mais comme on ne peut refuser à Dieu le pouvoir de retirer ses dons quand il lui plait, nous devons nous soumettre à sa volonté, soit qu'il châtie, soit qu'il récompense. Ainsi, pendant l'époque funeste où l'étranger occupait en France un trône qui ne lui appartenait point, plusieurs, par un zèle mal éclairé, ont contesté l'obéissance qui lui était due en vertu de l'onction qu'il avait reçue, des sermens qui lui avaient été prêtés, et des traités faits avec les Puissances de l'Europe; comme si, en obéissant à cette autorité usurpée, c'était anéantir les droits de nos Princes légitimes. Mais la Providence avait d'autres vues, elle a permis qu'un homme fût revêtu d'une grande puissance pour châtier de grands criminels, et ensuite elle a brisé ce faible roseau, quand le temps fut venu de réconcilier la terre avec le ciel. Et remarquez que cette même Providence, voulant reconstituer la France sur les vrais principes de l'obéissance, n'a pas permis que cet homme fut détrôné par ceux-mêmes qui

lui avaient prêté serment, mais que, pour exécuter ses desseins, elle a appelé les peuples de
l'aquilon qui, dès l'origine des sociétés, semblent
destinés pour punir ou renouveler les peuples du
midi, lorsqu'ils s'écartent de la loi du Seigneur.

Pénétré des principes énoncés ci-dessus, et
affligé des dissentions qui agitent notre belle
Patrie; j'ai pensé qu'il serait utile pour plusieurs
personnes de leur donner une courte exposition
de la doctrine du grand Bossuet sur l'autorité
royale et l'obéissance due aux Souverains. Et
qu'on ne dise pas que ces principes étaient bons
seulement au siècle de Louis XIV, mais qu'aujourd'hui le progrès des lumières a donné d'autres
notions sur la nature des gouvernemens: ce serait
erreur et orgueil de raisonner ainsi. La doctrine
de Bossuet n'est autre que celle de l'écriture
sainte, ce livre de la sagesse divine, qui a réglé,
pour tous les temps et pour tous les lieux, les
devoirs que l'homme doit remplir sur la terre
envers son Créateur et envers ses supérieurs.

Aucun orateur n'a parlé avec autant de dignité que l'immortel Bossuet sur les devoirs et
l'autorité des Rois, et quoique ses vastes con-
naissances eussent pu lui fournir une foule de

réflexions sur un sujet si délicat, néanmoins il n'avance rien de lui-même, et il ne veut point d'autre appui et d'autres preuves que celle que lui fournit l'Ecriture sainte.

Comme ses ouvrages sont nombreux, et peu à la portée de plusieurs lecteurs, j'en ai extrait une suite de principes politiques dont les titres marqueront l'objet. Puisse ce petit ouvrage rectifier les principes erronés, si communs aujourd'hui en matière de législation, et devenir pour la politique ce que le livre de l'Imitation de Jésus-Christ est pour la religion. Après l'avoir lu et médité, je ne puis qu'engager le lecteur à recourir à la source, et, s'il veut se former le cœur et l'esprit, à étudier sans cesse les ouvrages du plus grand des orateurs.

PRINCIPES POLITIQUES.

La Religion établit les royaumes, et l'impiété les détruit.

Dieu est le Roi des Rois; c'est à lui qu'il appartient de les instruire et de les régler comme ses Ministres: c'est par lui que les Rois règnent, et il n'oublie rien pour leur apprendre à bien gouverner.

Les ministres des Princes, et tous ceux qui ont part sous leur autorité au gouvernement des états, trouveront dans l'écriture sainte des leçons que Dieu seul pouvait leur donner. C'est une partie de la morale chrétienne que de former la magistrature par ses lois. Dieu a voulu tout décider, c'est-à-dire, donner des décisions à tous les états, et, à plus forte raison, à celui d'où dépendent tous les autres.

UNITÉ DU GENRE HUMAIN.

Tous les hommes sont frères, parce qu'ils sont tous enfans d'un même Dieu, qui a établi la fraternité des hommes en les faisant tous naître d'un seul homme, et qui pour cela est leur père commun, et porte en lui-même l'image de la paternité de Dieu.

Les hommes n'ayant tous qu'un même père, doivent s'aimer comme frères, et les Rois ne sont pas exempts de cette loi, qui ne diminue en rien le respect qui leur est dû.

Puisque nous sommes tous frères, tous faits à l'image de Dieu et également ses enfans, tous une même race et un même sang, nous devons prendre soin les uns des autres, et ce n'est pas sans raison qu'il est écrit : » Dieu a chargé chaque

homme d'avoir soin de son prochain. »
(*Eccl.* 17. 22).

Dieu voulant établir la société , veut
que chacun y trouve son bien , et y de—
meure attaché par cet intérêt.

C'est pourquoi il a donné aux hommes
divers talens, l'un étant propre à une
chose, et l'autre à une autre , afin qu'ils
puissent s'entre-secourir comme les membres du corps, et que l'union soit cimentée
par ce besoin mutuel.

Par les talens différens, le fort a besoin
du faible, le grand du petit, chacun de
ce qui paraît le plus éloigné de lui, parce
que le besoin mutuel rapproche tout, et
rend tout nécessaire. » Chaque partie a
son usage et ses fonctions, et le tout
s'entretient par le secours que s'entre—
donnent toutes les parties. » (*Eccl.* 43).

La société humaine est appuyée sur ces
fondemens inébranlables, un même Dieu,
un même objet, une même fin, une ori-

gine commune, un même sang, un même
intérêt, un besoin mutuel, tant pour les
affaires que pour la douceur de la vie.

ORIGINE DE LA SOCIÉTÉ.

DES premiers descendans de Noé sont
sorties les nations, chacune selon sa contrée et selon sa langue.

La parole est le lien de la société entre
les hommes par la communication qu'ils
se donnent de leurs pensées : dès qu'on
ne s'entend l'un l'autre, on est étranger
l'un à l'autre.

Le genre humain étant divisé par lan-
gues et par contrées, il en est arrivé
qu'habiter un même pays, et avoir une
même langue, a été un motif aux hommes
de s'unir plus étroitement ensemble.

La société humaine demande qu'on
aime la terre où l'on habite ensemble :

on la regarde comme une mère et une
nourrice commune; on s'y attache, et
cela unit. Les hommes en effet se sentent
liés par quelque chose de fort, lorsqu'ils
songent que la même terre qui les a por-
tés et nourris étant vivans, les recevra
dans son sein quand ils seront morts.
C'est un sentiment naturel à tous les
peuples.

DES GOUVERNEMENS.

IL ne suffit pas que les hommes ha-
bitent la même contrée, ou parlent un
même langage : devenus intraitables par
la violence de leurs passions et l'incom-
patibilité de leurs humeurs, ils ne peuvent être unis, à moins que de se soumettre tous ensemble à un même gouvernement qui les règle tous.

Quand chacun fait ce qu'il veut et n'a

pour règle que ses désirs, tout va en confusion.

L'ordre est le frein de la licence.

Il y a unité dans un peuple, lorsque chacun renonçant à sa volonté, la transporte et la réduit à celle du Prince et du magistrat. Autrement nulle union ; les peuples errent vagabonds, comme un troupeau dispersé.

Otez le gouvernement, il n'y a plus de droit de propriété, la terre et tous ses biens sont aussi communs entre les hommes que l'air et la lumière.

Dans un gouvernement réglé, nul particulier n'a droit de rien occuper qu'en vertu de l'autorité publique, sans qu'il soit permis de rien envahir, ni de rien attenter par la force. La raison est que chacun est secouru. Toutes les forces de la nation concourent en un, et le Magistrat souverain a droit de les réunir.

Quand la force est transportée au

Souverain, chacun l'affermit au préjudice de la sienne, et renonce à sa propre vie en cas qu'il désobéisse. On y gagne, car on retrouve en la personne de ce suprême Magistrat plus de force qu'on n'en a quitté pour l'autoriser, puisqu'on y trouve toute la force de la nation réunie ensemble pour nous secourir.

Ainsi un particulier est en repos contre l'oppression et la violence, parce qu'il a, en la personne du Prince, un défenseur invincible et plus fort, sans comparaison, que tous ceux du peuple qui entreprendraient de l'opprimer.

Le Souverain a intérêt de garantir de la force tous les particuliers, parce que si toute autre force que la sienne prévaut parmi le peuple, son autorité et sa vie est en péril. Il est l'ennemi naturel de toutes les violences, mais les hommes superbes et violens sont ennemis de l'autorité.

En voulant tout donner à la force,

chacun se trouve faible dans ses préten-
tions les plus légitimes par la multitude
des concurrens contre qui il faut être prêt.
Mais sous un pouvoir légitime, chacun
se trouve fort, en mettant toute la force
dans le Magistrat qui a intérêt de tenir
tout en paix, pour être lui-même en
sûreté.

Dans un gouvernement réglé, les veu-
ves, les orphelins, les pupilles, les enfans
même dans le berceau sont forts. Leur
bien est conservé, le public prend soin
de leur éducation, leurs droits sont dé-
fendus, et leur cause est la cause propre
du Magistrat. Toute l'écriture sainte le
charge de faire justice au pauvre, au
faible, à la veuve, à l'orphelin et au
pupille. C'est donc avec raison que S. Paul
recommande » de prier persévéramment
et avec instance pour les Rois et pour
tous ceux qui sont constitués en dignité,
afin que nous passions tranquillement

notre vie en toute piété et chasteté. »
(1. *Tim.* 11. 1. 2).

De tout cela il résulte qu'il n'y a point
de pire état que l'anarchie, c'est-à-dire,
l'état où il n'y a point de gouvernement
ù d'autorité. Où tout le monde veut
ire ce qu'il veut, nul ne fait ce qu'il
eut; où il n'y a point de maître, tout
monde est maître; où tout le monde
st maître, tout le monde est esclave.

Le Prince meurt; mais l'autorité est
mmortelle, et l'état subsiste toujours. Il
ut bien que les Princes changent, puis-
ue les hommes sont mortels; mais le
ouvernement ne doit pas changer, l'au-
rité ne meurt jamais.

DES LOIS.

Il ne suffit pas que le Souverain règle
s cas qui surviennent selon l'occurrence,
ais il doit établir des règles générales

de conduite, afin que le gouvernement soit constant et uniforme: et c'est ce qu'on appelle lois.

Toutes les lois sont fondées sur la première de toutes les lois, qui est celle de la nature, c'est-à-dire, sur la droite raison et sur l'équité naturelle.

Les lois doivent régler les choses divines et humaines, publiques et particulières: elles doivent établir le droit sacré et profane, le droit public et particulier, en un mot la droite observance des choses divines et humaines parmi les citoyens, avec les récompenses et les peines.

Il faut, avant toutes choses, régler le culte de Dieu : viennent ensuite les préceptes qui regardent la société.

Le premier principe des lois est de craindre Dieu et d'observer ses commandemens; c'est là tout l'homme : le second est de » faire à autrui comme nous voulons qu'il nous soit fait. » (*Matt.* 7. 12).

L'intérêt et la passion corrompent les hommes. La loi est sans intérêt et sans passion. L'objet de la loi est de punir et de récompenser.

Ceux qui sortent de la loi méritent qu'on leur fasse ce qu'ils ne veulent pas qui leur soit fait : ils ont fait souffrir aux autres ce qu'ils ne voulaient pas qu'on leur fît, ils méritent qu'on leur fasse souffrir ce qu'ils ne veulent pas.

Sur le principe de l'obéissance aux lois sont fondées les récompenses. Qui sert le public ou les particuliers, le public et les particuliers le doivent servir.

La loi dans son origine est un pacte et un traité solennel par lequel les hommes conviennent ensemble, par l'autorité des Princes, de ce qui est nécessaire pour former leur société. On ne peut pas dire par là que l'autorité des lois depend du consentement et acquiescement des peuples; mais seulement que le Prince, qui d'ailleurs par son caractère n'a d'autre intérêt que celui du public, est assisté des plus sages têtes de la nation, et appuyé sur l'expérience des siècles passés.

Cette vérité constante parmi tous les hommes, est expliquée admirablement dans l'écriture. Dieu assemble son peuple, leur fait à tous proposer la loi par laquelle il établissait le droit sacré et prophane, public et particulier de la nation, et les en fait tous convenir en sa présence.

Moïse convoqua tout le peuple ; et comme il leur avait déjà récité tous les articles de cette loi, il leur dit: » gardez les paroles de ce pacte et les accomplissez, afin que vous entendiez ce que vous avez à faire. Vous êtes tous ici devant le Seigneur votre Dieu, vos chefs, vos tribus, vos sénateurs, vos docteurs, tout le peuple d'Israël, vos enfans, vos femmes et l'étranger qui se trouve mêlé avec vous dans le camp, afin que tous ensemble

vous vous obligiez à l'alliance du Seigneur, et au serment que le Seigneur fait
avec vous ; et que vous soyez son peuple,
et qu'il soit votre Dieu. Et je ne fais pas
ce traité avec vous seuls , mais je le fais
pour tous présens et absens. » (*Deut.* 29).

Tout le peuple consent expressément
au traité. Moïse qui reçoit ce traité au nom
de tout le peuple qui lui avait donné son
consentement, dit : » Je suis le médiateur
entre Dieu et vous, et le dépositaire des
paroles qu'il vous donne.» (*Deut.* 5).

Dieu n'avait pas besoin du consentement des hommes pour autoriser sa loi,
parce qu'il est leur créateur, qu'il peut
les obliger à ce qu'il lui plaît ; et toutefois
pour rendre la chose plus solennelle et
plus ferme, il les oblige à la loi par un
traité exprès et volontaire.

Cette loi dont l'origine est divine a un
double objet, 1.º d'unir le peuple à Dieu ;
2.º d'unir le peuple en soi-même. Le

peuple ne peut s'unir en soi-même par un traité inviolable, si le traité qui le lie n'est fait en présence d'une puissance supérieure, telle que celle de Dieu, protecteur naturel de la société humaine, et inévitable vengeur de toute contravention à la loi.

Quand les hommes s'obligent à Dieu, en lui promettant de garder, tant envers lui qu'entre eux, tous les articles de la loi qu'il leur propose, alors la convention est inviolable, étant autorisée par une puissance à laquelle tout est soumis. Les lois ne sont lois qu'autant qu'elles ont quelque chose d'inviolable. En violant les lois fondamentales, on ébranle tous les fondemens de la société, et il ne reste plus que la chute des empires.

AMOUR DE LA PATRIE.

Si l'on est obligé d'aimer tous les hommes, puisqu'il n'y a point d'étranger

pour le chrétien, à plus forte raison doit-
on aimer ses concitoyens. Tout l'amour
qu'on a pour soi-même, pour sa famille
et pour ses amis, se réunit dans l'amour
qu'on a pour sa patrie, où notre bonheur
et celui de nos familles et de nos amis
est renfermé. C'est pourquoi les séditieux
qui n'aiment pas leur pays, et y portent
la division, sont l'exécration du genre
humain.

Dans les besoins de l'état, tout le
monde, sans exception, est obligé de
venir à son secours. C'est une honte de
demeurer en repos dans sa maison pendant que nos concitoyens sont dans le
travail et dans le péril pour la commune
patrie. Ce qui unit les citoyens entre eux
et avec leur patrie, ce sont les autels, les
sacrifices, la gloire, les biens, le repos
et la sûreté de la vie, en un mot, la société des choses divines et humaines.

Il n'y a plus de joie pour un bon citoyen, quand sa patrie est ruinée : mais ce n'est pas assez de pleurer les maux de ses concitoyens et de son pays, il faut exposer sa vie pour leur service, et c'est à quoi les Machabées excitent leur famille:

» L'orgueil et la tyrannie ont prévalu: voici des temps de malheur et de ruine pour vous, prenez donc courage ; soyez zélateurs de la loi, et mourez pour le testament de vos pères. Mourons pour notre peuple et pour nos frères. Prenez courage, et soyez tous gens de cœur: combattez vaillamment ces nations armées pour votre ruine. Il vaut mieux mourir à la guerre que de voir périr notre pays et le sanctuaire: à Dieu ne plaise que nous fuyions devant l'ennemi : si notre heure de mourir est arrivée, mourons en gens de cœur pour nos frères, et ne mettons point de tache à notre gloire. »

Jésus-Christ a établi par sa doctrine et par ses exemples l'amour que les citoyens
doivent

doivent avoir pour leur patrie. Il a lui-
même accompli tous les devoirs qu'exige
d'un homme la société humaine. Il fut,
et durant sa vie et à sa mort, exact obser-
vateur des lois et des coutumes louables
de son pays, même de celles dont il savait
qu'il était le plus exempt. Il était soumis
en tout à l'ordre public, faisant » rendre
à César ce qui était à César, et à Dieu ce
qui était à Dieu. »

AUTORITÉ ROYALE.

DIEU est le seul et le vrai Roi des
hommes ; les Rois de la terre ne sont que
ses lieutenans, et c'est en son nom qu'ils
gouvernent.

A Dieu appartient la majesté, la puissance, la gloire, la victoire et la louange ;
tout ce qui est dans le ciel et dans la terre
est à lui. Le règne lui appartient, il commande à tous les Princes ; les grandeurs

3

et les richesses sont à lui; il domine sur toutes choses; en sa main est la force, la puissance, la grandeur et l'empire souverain.

L'empire de Dieu est éternel, de là vient qu'il est appelé le Roi des siècles. L'empire de Dieu est absolu, parce qu'il a tout créé, tout tiré du néant. Qui osera lui dire pourquoi faites-vous ainsi?

Au commencement du monde, Dieu était le seul Roi des hommes, et les gouvernait visiblement. Il donna à Adam les préceptes qu'il lui plut; il donna ensuite des lois à Noé et à ses enfans; il conduisit de la même sorte Abraham, Isaac et Jacob; il exerça publiquement l'empire souverain sur son peuple dans le désert; son règne continua visiblement sous Josué et sous les Juges; enfin c'est lui qui établit les Rois en faisant sacrer Saül et David par le Prophète Samuel, et c'est lui qui affermit la royauté dans la maison de David. » Bénit soit le Seigneur votre

Dieu, dit la Reine de Saba à Salomon, qui a voulu vous faire asseoir sur son trône, et vous établir Roi, pour tenir la place du Seigneur votre Dieu. »

La première idée de commandement et d'autorité humaine est venue aux hommes de l'autorité paternelle.

Adam avait autorité sur Eve qui lui était soumise par l'ordre de Dieu. Au premier enfant qu'eut Adam, Eve dit: je possède un homme par la grâce de Dieu. Or cet enfant était encore plus en la possession d'Adam, à qui la mère elle-même était soumise par l'ordre de Dieu.

Au commencement du monde, les hommes vivaient long-temps, ainsi que l'attestent l'écriture sainte et toutes les traditions: par ce moyen, un grand nombre de familles se voyaient réunies sous l'autorité d'un seul aïeul, et cette union de famille avait quelque image de royaume.

Les Patriarches menaient une vie simple et pastorale, leur empire était domes-

tique et paternel, et ils suivaient les anciennes traditions des hommes, et pour
le culte de Dieu, et pour la manière de
gouvernement. Les hommes voyant une
image de royaume dans l'union de plusieurs familles, sous la conduite d'un père
commun, et trouvant de la douceur dans
cette vie, se portèrent aisément à faire
des sociétés de familles sous des Rois qui
leur tinssent lieu de père. Outre cette
manière innocente de faire des Rois, l'ambition en inventa une autre qui fut celle
des conquêtes.

Il y eut aussi d'autres formes de gouvernement que celle de la royauté, et
l'histoire nous fait voir un grand nombre
de républiques, dont les unes se gouver-
naient par tout le peuple, ce qui s'appelle
démocratie; et les autres par les grands,
ce qui s'appelle aristocratie.

Ces formes de gouvernement ont été
mêlées en diverses sortes, et ont composé
divers états mixtes.

Le Gouvernement monarchique est tellement le plus naturel qu'on le voit d'abord dans tous les peuples. Rome a commencé par des Rois, et y est enfin revenue comme à son état naturel. Ce n'est que tard et peu à peu que les villes grecques ont formé leurs républiques. Il n'y a point de république qui n'ait été soumise à des Monarques. Tout le monde commence donc par des Monarchies, et presque tout le monde s'y est conservé comme dans l'état le plus naturel. Aussi avons-nous vu qu'il a son fondement et son modèle dans l'empire paternel, c'est-à-dire, dans la nature même. Les hommes naissent tous sujets, et l'empire paternel qui les accoutume à obéir, les accoutume en même temps, à n'avoir qu'un chef.

Si le Gouvernement monarchique est le plus naturel, puisqu'il dérive de l'autorité paternelle, il est par conséquent le plus durable et le plus fort. C'est aussi le plus opposé à la division qui est le mal le plus essentiel des états et la cause la plus certaine de leur ruine, fondé sur cette sentence de notre Seigneur: » Tout royaume divisé en lui-même sera désolé: toute ville ou toute famille divisée en elle-même ne subsistera pas. » (*Mat.* 12. 24).

Quand on forme les états on cherche à s'unir, et jamais on n'est plus uni que sous un seul chef: jamais aussi on n'est plus fort, parce que tout va en concours. Les armées, où paraît le mieux la puissance humaine, veulent naturellement un seul chef; tout est en péril quand le commandement est partagé.

MONARCHIE HÉRÉDITAIRE.

C'EST celle que Dieu a établie dans son peuple ; il attacha la royauté par succession à la maison de David et de

Salomon, et le trône de David fut affermi à jamais. En vertu de cette loi, l'aîné devait succéder au préjudice de ses frères.

La Monarchie héréditaire a trois principaux avantages.

Le premier, c'est que ce gouvernement est le plus naturel, et qu'il se perpétue de lui-même. Rien n'est plus durable qu'un état qui dure et se perpétue par les mêmes causes qui font durer l'univers, et qui perpétuent le genre humain. Les peuples s'y accoutument d'eux-mêmes. Point de brigues, point de cabales dans un état pour se faire un Roi, la nature en fait un : la mort saisit le vif, et le Roi ne meurt jamais. Le gouvernement est le meilleur, qui est le plus éloigné de l'anarchie. A une chose aussi nécessaire que le gouvernement parmi les hommes, il faut donner les principes les plus aisés, et l'ordre qui roule le mieux tout seul.

Le second avantage qui favorise ce gouvernement, c'est que c'est celui qui intéresse le plus à la conservation de l'état les puissances qui le conduisent. Le Prince qui travaille pour son état, travaille pour ses enfans, et l'amour qu'il a pour son royaume, confondu avec celui qu'il a pour sa famille, lui devient naturel. Il est doux de ne montrer au Prince d'autre successeur que son fils, c'est-à-dire, un autre lui-même, ou ce qu'il y a de plus proche. Alors il voit sans envie son royaume passer en d'autres mains, et David entend avec joie cette acclamation de son peuple: » Que le nom de Salomon soit au-dessus de votre nom, et son trône au-dessus de votre trône. » (3. *R.* 1. 47).

Il ne faut point craindre ici les désordres causés dans un état par le chagrin d'un Prince ou d'un Magistrat qui se fâche de travailler pour son successeur. Un Prince se réjouit de préparer les fondedemens d'un édifice que son fils doit construire.

Le troisième avantage est tiré de la dignité des Maisons où les royaumes sont héréditaires. Cette dignité s'augmente à mesure qu'on en voit naître des Rois ; les Princes de cette maison deviennent l'objet le plus naturel de la vénération publique, les peuples s'y attachent. La jalousie qu'on a naturellement contre ceux qu'on voit au-dessus de soi, se tourne ici en amour et en respect, et les Grands mêmes obéissent sans répugnance à une Maison royale qu'on a toujours vu maîtresse, et à laquelle on sait que nulle autre maison ne peut jamais être égalée. Il n'y a rien de plus fort pour éteindre les partialités, et tenir dans le devoir les égaux, que l'ambition et la jalousie rendent incompatibles entre eux.

Par ces trois avantages allégués, il est visible que les royaumes héréditaires sont les plus fermes, surtout quand la succession va de mâle en mâle, et d'aîné en aîné, à l'exclusion des femmes.

Le peuple de Dieu n'admettait pas à la succession le sexe qui est né pour obéir, et la dignité des Maisons régnantes ne paraissait pas assez soutenue en la personne d'une femme, qui, après tout, était obligée de se faire un maître en se mariant. Où les filles succèdent, les royaumes ne sortent pas seulement des maisons régnantes, mais de toute la nation : or il est bien plus convenable que le chef d'un état ne lui soit pas étranger. Aussi la France, où la succession est réglée selon ces maximes, peut se glorifier d'avoir la meilleure constitution d'état qui soit possible, et la plus conforme à celle que Dieu même a établie. Ce qui montre tout ensemble, et la sagesse de nos ancêtres, et la protection particulière de Dieu sur ce Royaume.

ATTACHEMENT
AU GOUVERNEMENT ÉTABLI.

Saint Paul dit : » Que toute âme soit soumise aux Puissances supérieures ; car il n'y a point de Puissance qui ne soit de Dieu, et toutes celles qui sont, c'est Dieu qui les a établies : ainsi, qui résiste à la Puissance, résiste à l'ordre de Dieu. »

Il n'y a aucune forme de gouvernement ni aucun établissement humain qui n'ait ses inconvéniens, de sorte qu'il faut demeurer dans l'état auquel un long temps a accoutumé les peuples. C'est pourquoi Dieu prend en sa protection tous les gouvernemens légitimes, en quelque forme qu'ils soient établis ; qui entreprend de les renverser, n'est pas seulement ennemi public, mais encore ennemi de Dieu. Dieu n'a rien prescrit au genre humain sur les formes du gouvernement, en sorte que chaque peuple doit suivre, comme un ordre divin, le gouvernement établi dans son pays, parce que Dieu est un vrai Dieu de paix, et qui veut la tranquillité des choses humaines.

NATURE DE L'AUTORITÉ ROYALE.

ON a vu que toute puissance vient de Dieu ; les Princes agissent donc comme ministres de Dieu et ses lieutenans sur la terre, pour être vengeurs des mauvaises actions. Dieu les fait oindre d'une onction sacrée, comme il fait oindre les Pontifes et ses autels. Il suit de là que la personne des Rois est sacrée, et qu'attenter sur eux c'est un sacrilége. Mais même sans l'application extérieure de cette onction, ils sont sacrés par leur charge, comme étant les représentans de la Majesté divine, députés par sa providence à l'exécution de ses desseins. Il faut garder les Rois comme des choses sacrées, et qui néglige de les garder est digne de mort.

S.ᵗ Paul après avoir dit que le Prince est le Ministre de Dieu, conclut ainsi : » Il est donc nécessaire que vous lui soyez soumis, non seulement par la crainte de sa colère, mais encore par l'obligation de votre conscience. » S.ᵗ Pierre dit aussi : » Soyez soumis pour l'amour de Dieu à l'ordre qui est établi par les hommes : soyez soumis au Roi, comme à celui qui a la puissance suprême ; et à ceux à qui il donne son autorité, comme étant envoyés de lui pour la louange des bonnes actions et la punition des mauvaises. »

Quand même ils ne s'acquitteraient pas de ce devoir, il faut respecter en eux leur charge et leur ministère. » Obéissez non seulement à ceux qui sont bons et modérés, mais encore à ceux qui sont fâcheux et injustes. » (*S. Pierre*).

Il y a donc quelque chose de religieux dans le respect qu'on rend au Prince. Le service de Dieu et le respect pour les Rois sont choses unies, et S. Pierre met ensemble ces deux devoirs: » Craignez Dieu, honorez le Roi. »

Encore même que le Roi soit infidèle, il faut lui obéir par la vue qu'on doit avoir de l'ordre de Dieu. Tertulien, parlant au nom des premiers chrétiens, dit: » Nous regardons dans les Empereurs le choix et le jugement de Dieu, qui leur a donné le commandement sur tous les peuples, nous respectons en eux ce que Dieu y a mis. »

C'est l'esprit du christianisme de faire respecter les Rois avec une espèce de religion que le même Tertulien appelle très-bien la religion de la seconde Majesté. Cette seconde Majesté n'est qu'un écoulement de la première, c'est-à-dire, de la divine qui, pour le bien des choses humaines, a voulu faire rejaillir quelque partie de son éclat sur les Rois.

Les Rois tiennent la place de Dieu qui est le vrai père du genre humain ; aussi la première idée de puissance est celle de la puissance paternelle, et c'est sur le modèle des pères qu'on a fait les Rois.

Dieu est grand par lui-même, et il se plaît à faire du bien aux hommes. Il met une image de sa grandeur dans les Rois, afin de les obliger à imiter sa bonté. Il les élève à un état où ils n'ont plus rien à désirer pour eux-mêmes, mais il leur déclare en même temps qu'il ne leur donne cette grandeur que pour l'amour des peuples : ainsi cette grandeur a pour objet le bien des peuples soumis.

En effet, Dieu qui a formé tous les hommes d'une même terre pour le corps, et a mis également dans leurs âmes son image et sa ressemblance, n'a pas établi entre eux tant de distinctions pour faire d'un côté des orgueilleux, et de l'autre des esclaves et des misérables. Il n'a fait des grands que pour protéger les petits; il n'a donné sa puissance aux Rois, que pour procurer le bien public, et pour être le support du peuple.

L'AUTORITÉ ROYALE EST ABSOLUE.

POUR rendre ce terme odieux et insupportable, plusieurs affectent de confondre le gouvernement absolu et le gouvernement arbitraire, mais il n'y a rien de plus distingué, ainsi qu'on le verra. Le Prince ne doit rendre compte à personne de ce qu'il ordonne, sinon il y aurait quelqu'un plus élevé que lui. Sans cette autorité absolue, il ne peut ni faire le bien, ni réprimer le mal : il faut que sa puissance soit telle que personne ne puisse espérer de lui échapper. Quand le Prince a jugé, il n'y a point d'autre jugement,

gement, parce qu'il ne juge pas au nom des hommes, mais au nom de Dieu. Ce n'est pas qu'il juge toujours selon la justice, mais il est réputé y juger, et personne n'a droit de juger, ni de revoir après lui. Il faut donc obéir aux Princes comme à la justice même, sans quoi il n'y a point d'ordre ni de fin dans les affaires.

Il n'y a que Dieu qui puisse juger de leurs jugemens et de leurs personnes. De là vient que celui qui ne veut pas obéir au Prince n'est pas renvoyé à un autre tribunal, mais il est condamné irrémissiblement à mort, comme l'ennemi du repos public et de la société humaine.

Le Prince se peut redresser lui-même quand il connaît qu'il a mal fait; mais contre son autorité, il ne peut y avoir de remède que son autorité.

» Prenez garde à ce que vous faites; tout ce que vous jugerez retombera sur vous; ayez la crainte de Dieu; faites tout

4

avec grand soin. » (2. *Paral.* 19). Au Prince seul appartient le commandement légitime, à lui seul appartient aussi la force coactive, c'est-à-dire, la puissance pour contraindre à exécuter ce qui est ordonné légitimement.

Il n'y a dans un état que le Prince qui soit armé, autrement tout est en confusion, et l'état retombe en anarchie.

Qui se fait un Prince souverain, lui met ensemble, et l'autorité souveraine de juger, et toutes les forces de l'état. » Notre Roi nous jugera, et il marchera devant nous, et il conduira nos guerres. » (1. *R.* 8).

Au Prince seul appartient le soin général du peuple, c'est-là le premier article, et le fondement de tous les autres : à lui les ouvrages publics; à lui les places et les armes; à lui les décrets et les ordonnances; à lui les marques de distinction; nulle puissance que dépendante de la sienne; nulle assemblée que par son autorité. C'est ainsi que pour le bien d'un état, on en réunit en un toute la force. Mettre la force hors de là, c'est diviser l'état, c'est ruiner la paix publique, c'est faire deux maîtres, contre cet ordre de l'Évangile : » Nul ne peut servir deux maîtres. » (*Matt.* 6).

Le Prince est, par sa charge, le père du peuple; il est, par sa grandeur, au-dessus des petits intérêts : bien plus, toute sa grandeur et son intérêt naturel, c'est que le peuple soit conservé, puisqu'enfin le peuple manquant, il n'est plus Prince. Il n'y a donc rien de mieux que de laisser tout le pouvoir de l'état à celui qui a le plus d'intérêt à la conservation et à la grandeur de l'état même.

Il est dit dans le Deutéronome : » Quand vous aurez établi un Roi, il ne sera pas permis de multiplier sans mesure ses dépenses ; qu'il apprenne à

craindre Dieu , et à garder ses ordonnances et ses jugemens; que son cœur
ne s'enfle point au-dessus de ses frères ,
et qu'il marche dans la loi de Dieu ,
sans détourner à droite et à gauche ,
afin qu'il règne long—temps, lui et ses
enfans. »

Il faut remarquer que cette loi ne com-
prenait pas seulement la religion, mais
encore la loi du royaume à laquelle le
Prince était soumis autant que les autres,
ou plus que les autres, par la droiture de
sa volonté.

» La puissance, dit Saint Ambroise,
ne doit pas se permettre ce qui est dé-
fendu par la justice; car la puissance ne
détruit pas les obligations de la justice, au
contraire, c'est en observant ce que prescrit la justice que la puissance s'exempte
du crime , et le Roi n'est pas affranchi des
lois: mais s'il pèche, il détruit les lois
par son exemple. Celui qui juge les

autres peut-il éviter son propre jugement, et doit-il faire ce qu'il condamne ? »

De là cette belle loi d'un Empereur
romain : » C'est une parole digne de la
majesté du Prince de se reconnaître soumis aux lois. »

Les Rois sont donc soumis comme les
autres à l'équité des lois, et parce qu'ils
doivent être justes, et parce qu'ils doivent
au peuple l'exemple de garder la justice,
mais ils ne sont pas soumis aux peines des
lois. Ils sont soumis aux lois, non quant
à la puissance coactive, mais quant à la
puissance directive.

Aussitôt qu'il y a un Roi, le peuple n'a
plus qu'à demeurer en repos sous son autorité. Que si le peuple impatient se remue et ne veut pas se tenir tranquille sous
l'autorité royale, le feu de la division se
mettra dans l'état. Avec la grande puissance, qui est la royale, les autres puissances seront renversées, et tout l'état ne

sera plus qu'une même cendre. Ainsi, pour jouir du repos, il ne faut pas seulement la paix au dehors, il faut aussi la paix en dedans, sous l'autorité d'un Prince absolu.

La crainte est un frein nécessaire aux hommes, à cause de leur orgueil et de leur indocilité naturelle. Il faut que le peuple craigne le Prince ; mais si le Prince craint le peuple, tout est perdu.

Le repos public oblige les Rois à tenir tout le monde en crainte, et plus encore les grands que les particuliers ; parce que c'est du côté des grands qu'il peut arriver de plus grands troubles.

S'il y a dans un état quelque autorité capable d'arrêter le cours de la puissance publique, et de l'embarrasser dans son exercice, personne n'est en sûreté. Quand le gouvernement est faible, l'autorité royale n'est plus un refuge à l'innocent persécuté. Un Prince faible qui craint les

grands perd bientôt son royaume. Ces fai-
blesses sont pernicieuses aux particuliers,
à l'état et au Prince même contre qui on
ose tout, quand il se laisse entamer. Que
si le Prince, qui est le juge des juges, craint
les grands, qu'y aura-t-il de ferme dans
l'état ?

Le moyen d'affermir le Prince, c'est
d'établir l'autorité, et qu'il voie que tout
est en lui. Assuré de l'obéissance, il n'est
en peine que de lui-même : en s'affer-
missant, il a tout fait, et tout suit : autrement il hésite, il tâtonne, et tout se fait
mollement. Le chef tremble quand il est
mal assuré de ses membres. Ceux qui in-
timident le Prince sont maudits de Dieu.

DE LA MAJESTÉ ROYALE.

JE n'appelle pas Majesté cette pompe
royale qui environne les Rois, ou cet
éclat extérieur qui éblouit le vulgaire ;

c'est le rejaillissement de la Majesté, et non la Majesté elle-même.

La Majesté est l'image de la grandeur de Dieu dans le Prince. Dieu est infini, Dieu est tout. Le Prince, en tant que Prince, n'est pas regardé comme un homme particulier : c'est un personnage public ; tout l'état est en lui, la volonté de tout le peuple est renfermée dans la sienne. Comme en Dieu est réunie toute perfection et toute vertu, ainsi toute la puissance des particuliers est réunie en la personne du Prince. La puissance de Dieu se fait sentir en un instant de l'extrémité du monde à l'autre : la puissance royale agit en même temps dans tout le royaume. Elle tient tout le royaume en état comme Dieu y tient tout le monde.

Que Dieu retire sa main, et le monde retombera dans le néant : que l'autorité cesse dans le royaume, tout sera en confusion.

Considérez

Considérez le Prince dans son cabinet: de là partent les ordres qui font aller de concert les Magistrats, les Capitaines, les citoyens et les soldats, les provinces et les armées par mer et par terre. C'est l'image de Dieu qui, assis sur son trône au plus haut des cieux fait aller toute la terre.

Les desseins du Prince ne sont bien connus que par l'exécution. Ainsi se manifestent les conseils de Dieu: jusque-là personne n'y entre que ceux que Dieu y admet. Voyez l'ordre, voyez la justice, voyez la tranquillité dans tout un royaume; c'est l'effet naturel de l'autorité du Prince.

Les méchans ont beau se cacher, la lumière de Dieu les suit partout, son bras va les atteindre jusqu'au haut des cieux, et jusqu'au fond des abîmes. Ainsi Dieu donne au Prince de découvrir les trames les plus secrètes. Il a des yeux et des mains partout: il a même reçu de Dieu, par l'usage des affaires, une certaine pénétration qui fait penser qu'il devine. A-t-il pénétré l'intrigue, ses longs bras vont prendre ses ennemis aux extrémités du monde : ils vont les déterrer au fond des abîmes. Il n'y a point d'asile assuré contre une telle puissance.

Enfin ramassez ensemble les choses si grandes et si augustes que nous avons dites sur l'autorité royale : voyez un peuple immense réuni en une seule personne : voyez cette puissance sacrée, paternelle et absolue : voyez la raison secrète qui gouverne tout le corps de l'état renfermé dans une seule tête ; vous voyez l'image de Dieu dans les Rois, et vous avez l'idée de la Majesté royale.

Dieu est la sainteté même, la bonté même, la puissance même. En ces choses est la Majesté de Dieu : en l'image de ces choses est la Majesté du Prince. Elle est si grande cette Majesté, qu'elle ne peut être dans le Prince comme dans sa source; elle est empruntée de Dieu, qui la lui donne pour le bien des peuples à qui il est bon d'être contenus par une force supérieure.

A la grandeur conviennent les choses grandes : à la grandeur la plus éminente, les choses les plus grandes, c'est-à-dire, les grandes vertus.

» Le Prince pensera des choses dignes d'un Prince. » (*Is.* 32).

Les pensées vulgaires déshonorent la Majesté. Saül est élu Roi, en même temps Dieu qui l'a élu, lui change le cœur, et il devient un autre homme. Taisez-vous pensées vulgaires, cédez aux pensées royales.

Les pensées royales sont celles qui regardent le bien général; les grands hommes ne sont pas nés pour eux-mêmes; les grandes puissances que tout le monde regarde, sont faites pour le bien de tout le monde.

Le Prince est, par sa charge, entre tous les hommes le plus au—dessus des petits intérêts, le plus intéressé au bien public: son vrai intérêt est celui de l'état. Il ne peut donc prendre des desseins trop nobles, ni trop au—dessus des petites vues et des pensées particulières. Il n'est ému ni du bien ni du mal qu'on dit de lui. Il va toujours au bien public, soit que les hommes ingrats blâment sa conduite, soit qu'elle trouve les louanges dont elle est digne. Voilà la véritable magnanimité que les louanges n'enflent point, que le blâme n'abat point, que la seule vérité touche. Sa magnificence consiste dans les grands travaux consacrés à l'utilité publique ; dans les ouvrages qui attirent de la gloire à la nation, qui impriment du respect aux sujets et aux étrangers, et rendent im—mortels les noms des Princes.

DEVOIRS DES SUJETS.

On doit au Prince les mêmes services qu'à sa patrie, parce que tout l'état est en la personne du Prince. En lui est la puissance, en lui est la volonté de tout le peuple. A lui seul appartient de tout faire conspirer au bien public. Il faut faire concourir ensemble le service qu'on doit au Prince, et celui qu'on doit à l'état, comme choses inséparables.

Ceux qui pensent servir l'état autrement qu'en servant le Prince et en lui obéissant, s'attribuent une partie de l'autorité royale ; ils troublent la paix publique et le concours de tous les membres avec le chef. Tels étaient les enfans de Sarvia qui, par un faux zèle, voulaient perdre ceux à qui David avait pardonné. » Qu'y a-t-il entre vous et moi, enfans de Sarvia ? vous m'êtes aujourd'hui un Satan. »

Le Prince voit de plus loin et de plus haut : on doit croire qu'il voit mieux, et il faut obéir sans murmure, puisque le murmure est une disposition à la sédition.

Le Prince sait tout le secret et toute la suite des affaires : manquer d'un moment à ses ordres, c'est mettre tout au hasard. L'obéissance consiste dans la ponctualité, d'où il faut conclure que pour servir l'é-tat, il faut obéir au Prince comme il l'en-tend. Il n'y a que les ennemis publics qui séparent l'intérêt du Prince de l'intérêt de l'état. Il ne faut donc point penser, ni qu'on puisse attaquer le peuple sans at-taquer le Roi, ni qu'on puisse attaquer le Roi sans attaquer le peuple.

Flatter le peuple pour le séparer des intérêts de son Roi, c'est lui faire la plus cruelle de toutes les guerres, et ajouter la sédition à ses autres maux. Que les peuples détestent tous ceux qui font semblant de les aimer, lorsqu'ils attaquent leur Roi.

On n'attaque jamais tant le corps que quand on l'attaque dans la tête, quoiqu'on paraisse pour un temps flatter les autres parties.

Le Prince est un bien public que chacun est jaloux de se conserver : sa vie est regardée comme le salut de tout le peuple ; chacun en est soigneux comme de la sienne, et plus que de la sienne ; elle est l'objet de tous les vœux : de là le cri de *Vive le Roi !* qui a passé du peuple de Dieu à tous les peuples du monde.

Les gens de David lui dirent : » Vous ne viendrez plus avec nous à la guerre, pour ne point éteindre la lumière d'Israël. » Voyez comme on aime le Prince ; il est la lumière de tout le royaume. Qu'est-ce qu'on aime davantage que la lumière ? Elle fait la joie et le plus grand bien de l'univers. Ainsi un bon sujet aime son Prince comme le bien public, comme le salut de tout l'état, comme l'air qu'il respire, comme la lumière de ses yeux, comme sa vie et plus que sa vie.

Quand la lumière est éteinte, tout est en ténèbres, tout est en deuil ; aussi la mort du Prince est regardée comme une calamité publique.

C'est toujours un malheur public lorsqu'un état change de main ; c'est une punition de Dieu pour un état, lorsqu'il change souvent de maître. » Les péchés de la terre, dit le Sage, (*Prov.* 28. 2.) sont causes que les Princes sont multipliés : la vie du conducteur est prolongée, afin que la sagesse et la science abondent. » C'est un malheur à un état d'être privé des conseils et de la sagesse d'un prince expérimenté, et d'être soumis à de nouveaux maîtres, qui souvent n'apprennent à être sages qu'aux dépens du peuple.

Et ce ne sont pas seulement les bons Princes dont la mort est réputée un malheur public; nous voyons Jérémie déplo-

rer la mort de Sédécias dont il est écrit:
» Qu'il avait mal fait aux yeux du Seigneur; » et qui avait persécuté ce saint
Prophète qui lui parlait de la part de Dieu.
Et toutefois après la ruine de Jérusalem,
où Sédécias fait prisonnier eut les yeux
crevés, Jérémie, qui déplore les maux de
son peuple, déplore comme un des plus
grands malheurs la mort de son Roi.
» L'Oint du Seigneur, qui était comme
le souffle de notre bouche, a été pris pour
nos péchés, lui à qui nous disions: nous
vivrons sous votre ombre parmi les Gen-
tils. »

Ainsi un Roi captif, un Roi dépouillé
de ses états, et même privé de la vue, est
regardé comme le soutien et la consola-
tion de son peuple captif avec lui. Ce
reste de Majesté semblait encore répandre
un certain éclat sur la nation désolée; et le
peuple touché des malheurs de son Prince,
les déplore plus que les siens propres.

OBÉISSANCE DUE AU SOUVERAIN.

LES sujéts doivent au Prince une en-
tière obéissance, car si le Prince n'est
entièrement obéi, l'ordre public est renversé, et il n'y a plus d'unité, par conséquent plus de concours, ni de paix dans
un état. C'est pourquoi nous avons vu que
quiconque désobéit à la puissance publique, est jugé digne de mort. » Quiconque sera orgueilleux, et refusera d'o-
béir au commandement du Pontife et à
l'ordonnance du Juge, il mourra : vous
ôterez le mal du milieu d'Israël. » (*D.* 17).

C'est pour empêcher ce désordre que
Dieu a ordonné les puissances, et nous
avons entendu Saint Paul dire en son nom :
» Que toute âme soit soumise aux puissances supérieures ; car toute puissance est
de Dieu : il n'y en a point que Dieu n'ait
ordonnée. Ainsi qui résiste à la puissance,
résiste à l'ordre de Dieu. » (*Rom.* 13).

« Avertissez-les d'être soumis aux Princes et aux puissances, de leur obéir ponctuellement, d'être prêts à toute bonne œuvre. » (*Tit.* 3).

Dieu a fait les Rois et les Princes ses lieutenans sur la terre, afin de rendre leur autorité sacrée et inviolable. C'est ce qui a fait dire au même Saint Paul: qu'ils sont ministres de Dieu, conformément à ce qui est dit dans le livre de la Sagesse: Que les Princes sont ministres de son royaume. De là Saint Paul conclut, qu'on leur doit obéir par nécessité, non seulement par la crainte de la colère; mais encore par l'obligation de la conscience. Saint Pierre a dit aussi : » Soyez soumis pour l'amour de Dieu à l'ordre qui est établi parmi les hommes. Soyez soumis au Roi , comme à celui qui a la puissance suprême, et aux gouvernemens, comme étant envoyés de lui, parce que c'est la volonté de Dieu.

» Les serviteurs doivent obéir à leurs

maîtres, quand même ils seraient durs et fâcheux, non à l'œil et pour plaire aux hommes ; mais comme si c'était à Dieu. »

Il n'y a rien de mieux fondé sur la parole de Dieu, que l'obéissance qui est due, par principes de religion et de conscience, aux puissances légitimes.

Quand Jésus-Christ dit aux Juifs, rendez à César ce qui est dû à César, il n'examine pas comment était établie la puissance des Césars: c'est assez qu'il les trouvait établis et régnans; il voulait qu'on respectât dans leur autorité l'ordre de Dieu et le fondement du repos public.

IL FAUT OBÉIR AUX MAGISTRATS.

Il y a divers degrés d'autorité et de subordination; le puissant a un plus puissant qui lui commande, et le Roi commande à tous les sujets.

» Obéissez au Roi comme à celui à qui appartient l'autorité suprême, et au Gouverneur comme à celui qu'il vous envoie. » (*Pier.* 11).

L'obéissance est due à chacun selon son degré, et il ne faut point obéir au Gouverneur au préjudice des ordres du Prince.

Au-dessus de tous les empires, est la puissance de Dieu. C'est, à vrai dire, le seul empire absolument souverain dont tous les autres relèvent, et c'est de lui que viennent toutes les puissances. Comme donc on doit obéir au Gouverneur, si dans les ordres qu'il donne, il ne paraît rien de contraire aux ordres du Roi; ainsi doit-on obéir aux ordres du Roi, s'il ne paraît rien de contraire aux ordres de Dieu.

La seule exception à l'obéissance qu'on doit au Prince, c'est quand il commande contre Dieu. Car comme on ne doit pas obéir au Gouverneur contre les ordres du Roi, encore moins doit-on obéir au Roi contre les ordres de Dieu. C'est alors qu'a lieu seulement cette réponse que les Apôtres font aux Magistrats : » Il faut obéir à Dieu plutôt qu'aux hommes. »

DES TRIBUTS.

COMME on doit exposer sa vie pour sa patrie et pour son Prince, à plus forte raison doit-on donner une partie de son bien pour soutenir les charges publiques, et c'est ce qu'on appelle tribut. Aucun prétexte de religion ne peut servir pour ne point payer le tribut. C'est le Prince qui fait battre la monnaie dont vous vous servez dans le commerce ; reconnaissez sa souveraineté en lui payant le tribut qu'il impose.

Ainsi les tributs qu'on paie au Prince sont une reconnaissance de l'autorité su-

prême, et on ne peut les refuser sans rebellion. Et la raison fait voir que tout
l'état doit contribuer aux nécessités publiques auxquelles le Prince doit pour-
voir ; sans cela , il ne peut ni soutenir, ni
défendre les particuliers, ni l'état même.
Le royaume sera en proie, les particuliers
périront dans la ruine de l'état. De sorte
qu'à vrai dire, le tribut n'est autre chose
qu'une petite partie de son bien qu'on
paie au Prince pour lui donner moyen
de sauver le tout.

OBÉISSANCE AUX PRINCES IMPIES.

ON doit toujours respecter les Princes,
toujours les servir , quels qu'ils soient ,
bons ou méchans. » Obéissez à vos maîtres, non seulement quand ils sont bons
et modérés, mais encore quand ils sont
durs et fâcheux. » (1. *Pier.* 11).

L'état est en péril, et le repos n'a plus

rien de ferme, s'il est permis de s'élever, pour quelque cause que ce soit, contre les Princes. La sainte onction qui est sur eux, et le haut ministère qu'ils exercent au nom de Dieu, les met à couvert de toute insulte. S.ᵗ Augustin reconnaît une sainteté inhérente au caractère royal, qui ne peut être effacée par aucun crime.

Le Prince peut être impie ou infidèle, son caractère est toujours sacré, et le bien public ne permet pas qu'on expose le Prince au mépris.

David injustement poursuivi à mort par Saül, et sacré lui-même pour lui succéder, respecte néanmoins ce Prince réprouvé de Dieu. Car il savait que c'était à Dieu seul à faire justice des Princes, et que c'est aux hommes à respecter le Prince, autant qu'il plaît à Dieu de le conserver.

Tous les Prophètes qui ont vécu sous tant de Rois impies et méchans, n'ont

jamais

jamais manqué à l'obéissance, ni inspiré la révolte, mais toujours la soumission et le respect.

L'impiété déclarée et même la persécution n'exemptent pas les sujets de l'obéissance qu'ils doivent aux Princes. Quoique infidèles, leur caractère royal est saint et sacré, et c'est pour cela qu'Isaïe appelle Cyrus l'oint du Seigneur.

Nabuchodonosor était impie et orgueilleux jusqu'à vouloir s'égaler à Dieu et faire mourir ceux qui lui refusaient un culte sacrilége, néanmoins Daniel et le peuple de Dieu priaient pour sa vie.

Achab et Jézabel avaient fait mourir tous les Prophètes du Seigneur; Elie s'en plaint à Dieu, mais il demeure toujours dans l'obéissance.

Elisée en fait autant sous Joram, aussi impie que son père Achab.

Rien n'a jamais égalé l'impiété de Manassès, qui tâcha d'abolir le culte de Dieu,

6

persécuta les fidèles, et fit régorger Jérusalem de leur sang ; et cependant Isaïe et
les saints Prophètes qui le reprenaient de
ses crimes n'ont jamais excité contre lui
le moindre tumulte.

Cette doctrine s'est continuée dans la
religion chrétienne.

C'était sous Tibère, non seulement infidèle, mais encore méchant, que Notre
Seigneur dit aux Juifs : » Rendez à César
ce qui est à César. »

Saint Paul fait prier pour l'Empereur
Néron, le plus impie et le plus méchant
de tous les hommes. Il donne pour but
à cette prière la tranquillité publique,
parce qu'elle demande qu'on vive en paix,
même sous les Princes méchans et per-
sécuteurs.

Les premiers chrétiens, quoique persécutés pendant trois cents ans, n'ont jamais causé le moindre mouvement dans
l'empire.

Constance, quoique protecteur des impies ariens, et persécuteur de la foi de Nicée, trouva dans l'Église une fidélité universelle.

Tant d'Empereurs hérétiques qui vinrent depuis, ne virent jamais leur autorité attaquée ou affaiblie par les catholiques, quoiqu'ils chassassent de leur siège les Évêques orthodoxes, et même les Papes, et qu'ils remplissent l'Église de carnage et de sang.

Enfin, durant sept cents ans on ne voit pas seulement un seul exemple où l'on ait désobéi aux Empereurs sous prétexte de religion. Dans le huitième siècle, tout l'empire resta fidèle à Léon Isaurien, chef des iconoclastes et persécuteur des fidèles. Sous Constantin Copronyme, son fils, qui succéda à son hérésie et à ses violences, aussi bien qu'à son royaume, les fidèles d'Orient n'opposèrent que la patience à la persécution. Mais dans la

chute de l'empire, lorsque les Césars suf-
fisaient à peine à défendre l'Orient, où ils
s'étaient renfermés, Rome abandonnée
près de deux ans à la fureur des Lom-
bards, et contrainte d'implorer la protection des Français, fut obligée de s'éloigner
des Empereurs. On pâtit long-temps
avant que d'en venir à cette extrémité,
et on n'y vint enfin que quand la capitale
de l'empire fut regardée par ses Empereurs comme un pays exposé en proie, et
laissé à l'abandon.

REMONTRANCES DES SUJETS.

QUAND Dieu voulut délivrer les Israélites de la tyrannie de Pharaon, il ne
permit pas qu'ils procédassent par voie
de fait contre un Roi dont l'inhumanité
envers eux était inouïe. Ils demandèrent
avec respect la liberté de sortir, et d'aller
sacrifier à Dieu dans le désert.

Il est permis au peuple opprossé de recourir au Prince par ses Magistrats et par les voies légitimes ; mais que ce soit toujours avec respect.

Les remontrances pleines d'aigreur et de murmure sont déjà un commencement de sédition qui ne doit pas être souffert. Faire dépendre la fidélité de la grâce qu'on demande, c'est un commencement de mutinerie.

On ne voit rien de semblable dans les remontrances que les chrétiens persécutés faisaient aux Empereurs. Tout y est soumis, tout y est modeste, la vérité de Dieu y est dite avec liberté ; mais ces discours sont si éloignés des termes séditieux, qu'encore aujourd'hui on ne peut les lire sans se sentir porté à l'obéissance.

LA RELIGION N'AUTORISE PAS LA REVOLTE.

Il ne faut nullement douter que la guerre des Machabées contre les Rois de

Syrie, leurs légitimes Souverains, ne fut juste, puisque Dieu l'a approuvée ; mais si on remarque les circonstances du fait, on verra que cet exemple n'autorise pas le révoltes que le motif de religion a fait entreprendre depuis.

La famille d'Abraham fixée dans la Terre sainte, ne pouvait en être bannie que par un ordre exprès de Dieu, et devait y subsister jusqu'à l'arrivée du Messie. Laisser éteindre cette race, ou souffrir qu'elle fut chassée de la Terre sainte au temps des Rois de Syrie, c'était trahir la religion, et anéantir le culte de Dieu. Or Antiochus ordonna aux Juifs, sous peine de mort, de quitter leur loi, de sacrifier aux idoles, et de renoncer à leur temple qu'il fit prophaner. Il en vint à l'exécution, et toute la Judée régorgeait du sang de ses enfans. Il assembla toutes ses forces » pour détruire les Israélites et les restes de Jérusalem, et pour effacer dans la Judée la mémoire du peuple de Dieu, y établir les étrangers, et leur distribuer par sort toutes les terres. » (1. *Mach.* 3).

Ce fut dans cette déplorable extrémité que Judas Machabée prit les armes avec ses frères pour sauver sa patrie et sa religion, et préserver sa nation d'une ruine totale.

Si des sujets ne doivent plus rien à un Roi qui abdique la royauté, ou qui abandonne tout-à-fait le gouvernement, que penserons-nous d'un Roi qui entreprendrait de verser le sang de tous ses sujets, et qui, las de massacrer, en vendrait le reste aux étrangers ? Peut-on renoncer plus ouvertement à les avoir pour sujets, ni se déclarer plus hautement, non plus le Roi et le Père, mais l'ennemi de tout son peuple? C'est ce que fit Antiochus à l'égard de tous les Juifs, et Dieu ne manqua pas de déclarer sa volonté par les succès miraculeux qu'il accorda aux Machabées. Excepté cet exemple unique dans l'histoire, on a vu plus haut qu'aucun prétexte ne peut alterer l'obéissance due aux Princes par ses sujets..

RELIGION DU SERMENT.

LA religion du serment reconnue dans toutes les nations, prouve que les principes de religion, quoique appliqués à l'idolâtrie et à l'erreur, ont suffi pour établir une constitution stable d'état et de gouvernement.

S.ᵗ Paul observe deux choses dans la religion du serment : l'une, qu'on jure par plus grand que soi ; l'autre, qu'on jure par quelque chose d'immuable ; d'où le même Apôtre conclut » Que le serment fait parmi les hommes le dernier affermissement, la dernière et finale décision des affaires. » (*Héb.* 6).

Il y faut encore ajouter une troisième condition ;

condition ; c'est qu'on jure par une puissance qui pénètre le plus secret des consciences, en sorte qu'on ne peut la tromper, ni éviter la punition du parjure.

Cela posé, et le serment étant établi
parmi toutes les nations, cette religion
établit en même temps la sûreté la plus
grande qui puisse être parmi les hommes,
qui s'assurent les uns les autres par ce
qu'ils jugent le plus souverain, le plus
stable, et qui seul se fait sentir à la conscience.

C'est pourquoi il a été établi qu'en deux
cas où la justice humaine ne peut rien ;
dont l'un est quand il faut traiter entre
deux puissances égales, et qui n'ont rien
au-dessus d'elles, et l'autre est lorsqu'il
faut juger des choses cachées, et dont on
n'a pour témoin ni pour arbitre que la
conscience, il n'y a point d'autre moyen
d'affermir les choses que par la religion
du serment.

Pour cela il n'est pas absolument nécessaire qu'on jure par le Dieu véritable,
et il suffit que chacun jure par le Dieu
qu'il reconnaît. Ainsi, comme le remarque
S.ᵗ Augustin, on affermissait les traités
avec les barbares par les sermens en leurs
dieux : ainsi s'affermit le traité de paix
entre Jacob et Laban, chacun d'eux jurant par son Dieu ; Jacob par son Dieu,
et Laban idolâtre jurant pas ses Dieux.

C'est donc ainsi que la religion, vraie
ou fausse, établit la bonne foi entre les
hommes, parce qu'encore que ce soit aux
idolâtres une impiété de jurer par de faux
dieux, la bonne foi du serment qui affermit un traité, n'a rien d'impie, étant au
contraire inviolable et sainte. C'est pourquoi Dieu n'a pas laissé d'être le vengeur
des faux sermens entre les infidèles, parce
qu'encore que les sermens par les faux
dieux soient en abomination devant lui,
il n'en est pas moins le protecteur de

la bonne foi qu'on veut établir par ce moyen.

* * *

LE HASARD NE GOUVERNE RIEN.

ENFLÉ d'une longue suite de prospérités, un Prince insensé dit dans son cœur : je suis heureux, tout me réussit ; la fortune qui m'a toujours été favorable, gouverne tout parmi les hommes, et il ne m'arrivera aucun mal.

» Je suis Reine, disait Babylone, qui se glorifiait dans son vaste et redoutable empire ; je suis assise dans mon trône, heureuse et tranquille ; je serai toujours dominante ; jamais je ne serai veuve, jamais privée d'aucun bien ; jamais je ne connaîtrai ce que c'est que stérilité et faiblesse. » (*Isaïe* 47).

Tu ne songes pas, insensée, que c'est Dieu qui t'envoie la félicité pour t'aveugler et te rendre ton infortune plus insupportable, afin que rien ne manque ni à ton bonheur, ni à ton malheur.

Ainsi séduits par un long cours d'heureux succès, les hommes du monde donnent tout à la fortune et ne connaissent point d'autre divinité. Mais il n'y a dans le monde ni fortune, ni astre dominant; rien ne domine que Dieu.

» Dieu a répandu la sagesse sur toutes ses œuvres : Dieu a tout vu, Dieu a tout mesuré, Dieu a tout compté, Dieu a tout fait avec mesure, avec nombre et avec poids. » (*Eccl.* et *Sag.*). Rien n'excède, rien ne manque. A regarder le total, rien n'est plus grand ni plus petit qu'il ne faut : ce qui semble défectueux d'un côté, sert à un autre ordre supérieur et plus caché, que Dieu sait. Ce qui emporterait d'un côté, a son contre-poids de l'autre : la balance est juste et l'équilibre parfait.

Où la sagesse est infinie, il ne reste plus de place pour le hasard.

On a beau compasser dans son esprit
tous ses discours et tous ses desseins, l'oc-
casion apporte toujours je ne sais quoi
d'imprévu, en sorte qu'on dit et qu'on
fait toujours plus ou moins qu'on ne pen-
sait. Et cet endroit inconnu à l'homme
dans ses propres actions et dans ses propres démarches, c'est l'endroit secret par
où Dieu agit, et le ressort secret qu'il
remue. S'il gouverne de cette sorte les
hommes en particulier, à plus forte raison
les gouverne-t-il en corps d'états et de
royaumes. C'est lui qui gouverne les
cœurs de tous les hommes, et qui exerce
spécialement ce droit souverain sur les
cœurs des Rois. Il gouverne particulière-
ment le mouvement principal par lequel
il donne le branle aux choses humaines.

━━━━━━━━━

UNION ET INDÉPENDANCE
DU SACERDOCE ET DE L'EMPIRE.

LE Sacerdoce dans le spirituel, et l'empire dans le temporel ne relèvent que de Dieu. Mais l'ordre ecclésiastique reconnaît l'empire dans le temporel, comme les Rois dans le spirituel se reconnaissent humbles enfans de l'Église. Tout l'état du monde roule sur ces deux puissances. C'est pourquoi elles se doivent l'une à l'autre un secours mutuel. » Zorobabel sera revêtu de gloire, et il sera assis, et il dominera sur son trône : et le Pontife sera sur le sien, et il y aura un parfait concours entre ces deux. (*Zach.* 6. 13).

» Je veux, dit Charlemagne aux Évêques, qu'appuyés de notre secours, et secondés de notre puissance, comme le bon ordre le prescrit, vous puissiez exécuter ce que votre autorité demande.

Partout ailleurs la puissance royale donne la loi, et marche la première en souveraine : dans les affaires ecclésiastiques elle ne fait que seconder et servir. »

On voit dans l'ancien testament avec quelle exactitude Dieu distingue les affaires, et détermine à chacun de quoi il se doit mêler, ne permettant pas à ses ministres d'attenter sur les ministres des choses sacrées, ni réciproquement à ceux-ci d'entreprendre sur les droits royaux.

Les choses saintes réservées à l'ordre sacerdotal sont encore plus clairement distinguées dans le nouveau Testament d'avec les choses civiles et temporelles, réservées aux Princes. C'est pourquoi les Rois chrétiens, dans les affaires de la religion, se sont soumis les premiers aux décisions ecclésiastiques.

LA VÉRITABLE RELIGION

Rend la constitution des États plus stable et plus solide.

QUOIQU'IL soit vrai que les fausses religions, en ce qu'elles ont de bon et de vrai, qui est qu'il faut reconnaître quelque divinité à laquelle les choses humaines sont soumises, puissent suffire absolument à la constitution des états, elles laissent néanmoins toujours dans le fond des consciences une incertitude et un doute qui ne permet pas d'établir une parfaite solidité.

Les Épicuriens qui n'admettaient des dieux qu'en parole et par politique, sans soin des choses humaines, sans puissance et sans providence, ne faisaient aucun bien, et n'appuyaient en aucune sorte la foi publique. Leur doctrine, qui n'était au fond qu'un vrai athéisme, flattait les sens, et gagnait publiquement le dessus parmi les gens qui se piquaient d'avoir de l'esprit.

Les Stoïciens qui leur étaient opposés, n'avaient pas une opinion plus favorable à la Divinité, puisqu'ils faisaient un Dieu de leur Sage, et même le préféraient à leur Jupiter.

Ainsi les fausses religions n'avaient rien qui se soutînt. Aussi ne consistaient-elles que dans un zèle aveugle, séditieux, turbulent, intéressé, plein d'arrogance, confus et sans ordre ni raison; ce qui est bien éloigné du bon ordre et de la stabilité raisonnable qui constitue les états : c'est cependant la suite inévitable de l'erreur.

Il faut donc chercher le fondement solide des états dans la vérité qui est la mère de la paix; et la vérité ne se trouve que dans la véritable religion.

Il ne s'ensuit pas de là qu'il n'y a point de véritable et de légitime autorité hors de la vraie religion et de la vraie église, ce qui est contraire à tous les passages, où l'on a vu que le gouvernement des empires, même idolâtres et où règne l'infidélité, était saint, inviolable, ordonné de Dieu, et obligatoire en conscience.

Les nations qui ne connaissaient pas le vrai Dieu, n'ont pas laissé d'affermir leurs lois par les oracles de leurs dieux; cherchant d'établir la justice et l'autorité, c'est-à-dire, la tranquillité et la paix, par les moyens les plus inviolables qui se trouvassent parmi les hommes.

Par là ils ont prétendu que leurs lois et leurs Magistrats devenaient des choses saintes et sacrées. Et Dieu même n'a pas dédaigné de punir l'irreligion des peuples qui profanaient les temples qu'ils croyaient saints, et les religions qu'ils coyaient véritables, à cause qu'il juge chacun par sa conscience.

Que si l'on demande ce qu'il faudrait

dire d'un état où l'autorité publique se
trouverait établie sans aucune religion,
on voit d'abord qu'on n'a pas besoin de
répondre à des questions chimériques ;
de tels états ne furent jamais. Les peuples
où il n'y a point de religion, sont en même
temps sans police, sans véritable subordination, et entièrement sauvages.

Les hommes n'étant point tenus par
la conscience, ne peuvent s'assurer les
uns des autres. Dans les empires où les
histoires rapportent que les savans et les
magistrats méprisent la religion, et sont
sans Dieu dans leur cœur, les peuples
sont conduits par d'autres principes, et
ils ont un culte public.

IL FAUT OBÉIR PAR CONSCIENCE.

Les Rois régnaient sur les corps par la
crainte, et tout au plus sur les cœurs par
l'inclination : l'Église leur a ouvert une

place plus vénérable, elle les a fait régner dans la conscience. C'est-là qu'elle les a fait asseoir dans un trône, en présence et sous les yeux de Dieu même: quelle merveilleuse dignité! Elle a fait un des articles de sa foi de la sûreté de leurs personnes sacrées; un devoir de sa religion de l'obéissance qui leur est due. C'est elle qui va arracher, jusqu'au fond du cœur, non seulement les premières pensées de rebellion, les mouvemens les plus cachés de sédition; mais encore et les plaintes et les murmures. Et pour ôter tout prétexte de soulèvement contre les puissances légitimes, elle a enseigné constamment, et par sa doctrine, et par son exemple, qu'il en faut tout souffrir, jusqu'à l'injustice, par laquelle s'exerce invisiblement la justice même de Dieu. (*Sermon sur les devoirs des Rois*).

EXEMPLE DES GRANDS.

Rien de plus grand dans les grands que la noble émulation de vivre mieux que les autres ; car ce qu'ils feront de bien et de mal dans une place si haute, étant exposé à la vue de tous, sert de règle à tout leur empire ; et c'est pourquoi, dit S.ᵗ Ambroise, » le Prince doit bien méditer qu'il n'est pas dispensé des lois, mais que lorsqu'il cesse de leur obéir, il semble en dispenser tout le monde par l'autorité de son exemple. » (*Sermon sur la divinité de la religion*).

LES GRANDS DOIVENT ÊTRE BONS.

Loin de nous les héros sans l'humanité! ils pourront bien forcer les respects, et ravir l'admiration, comme font tous les objets extraordinaires, mais ils n'auront pas les cœurs. Lorsque Dieu forma le cœur et les entrailles de l'homme, il y mit premièrement la bonté, comme le caractère propre de la nature divine, et pour être comme la marque de cette main bienfaisante dont nous sortons. La bonté devait donc faire comme le fond de notre cœur, et devait être en même temps le premier attrait que nous aurions en nous-mêmes pour gagner les autres hommes. La grandeur qui vient par-dessus, loin d'affaiblir la bonté, n'est faite que pour l'aider à se communiquer davantage, comme une fontaine publique qu'on élève pour la répandre. Les cœurs sont à ce prix; et les grands dont la bonté n'est pas le partage, par une juste punition de leur dédaigneuse insensibilité, demeureront privés éternellement du plus grand bien de la vie humaine, c'est-à-dire, des douceurs de la société. (*Ibidem*).

DIEU INSTRUIT LES PRINCES.

Celui qui règne dans les cieux, et de qui relèvent tous les empires, à qui seul appartient la gloire, la majesté et l'indépendance, est aussi le seul qui se glorifie de faire la loi aux Rois, et de leur donner, quand il lui plaît, de grandes et de terribles leçons. Soit qu'il élève les trônes, soit qu'il les abaisse ; soit qu'il communique sa puissance aux Princes, soit qu'il la retire à lui-même, il leur apprend leurs devoirs d'une manière souveraine et digne de lui. Car, en leur donnant sa puissance, il leur commande d'en user, comme il fait lui-même, pour le bien du monde ; et il leur fait voir, en la retirant, que toute leur majesté est empruntée, et que, pour être assis sur le trône, ils n'en sont pas moins sous sa main et sous son autorité suprême. C'est ainsi qu'il instruit les

Princes, non seulement par des discours et par des paroles, mais encore par des effets et par des exemples. » Maintenant, ô Rois, apprenez ; instruisez-vous, Juges de la terre. » (*Or. fun. de la R. d'Ang.*)

~~~~~~~~~~~~~~~~~~~~~~~~~~~~~~

UNION DU PRINCE ET DES SUJETS.

S'IL y a un art à bien gouverner, il y en a aussi à bien obéir. Dieu donne son esprit de sagesse aux Princes pour savoir conduire les peuples, et il donne aux peuples l'intelligence pour être capables d'être dirigés par ordre, c'est-à-dire, qu'outre la science maîtresse par laquelle le Prince commande, il y a une autre science subalterne qui enseigne aussi aux sujets à se rendre dignes instrumens de la conduite supérieure : et c'est le rapport de ces deux sciences qui entretient le corps d'un état par la correspondance du chef et des membres. (*Serm. sur la Providence*).

DROITS

DROITS DE LA ROYAUTÉ.

LES Rois règnent par moi, dit la Sagesse éternelle (*Prov.* 8. 28.), et de là nous devons conclure non seulement que les droits de la Royauté sont établis par ses lois, mais que le choix des personnes est un effet de sa providence. Et certes, il ne faut pas croire que le Monarque du monde, si persuadé de sa puissance, et si jaloux de son autorité, endure dans son empire qu'aucun y ait le commandement sans sa commission particulière. Par lui tous les Rois règnent : et ceux que la naissance établit, parce qu'il est le maître de la nature, et ceux qui viennent par choix, parce qu'il préside à tous les conseils ; » et il n'y a sur la terre aucune puissance qu'il n'ait ordonnée, dit l'Orateur de l'Écriture. » (*Rom.* 13. 1).

(Serm. sur les dev. des Rois).

8

L'ERREUR N'A QU'UN TERME.

QUAND Dieu laisse sortir du puits de l'abîme la fumée qui obscurcit le soleil, selon l'expression de l'Apocalypse, c'est-à-dire, l'erreur et l'hérésie; quand, pour punir les scandales, ou pour réveiller les peuples et les pasteurs, il permet à l'esprit de séduction de tromper les âmes hautaines, et de répandre partout un chagrin superbe, une indocile curiosité, et un esprit de révolte, il détermine dans sa sagesse profonde les limites qu'il veut donner aux malheureux progrès de l'erreur, et aux souffrances de son Église.

Lorsque le Roi d'Angleterre Henri VIII, s'égara dans les passions qui ont perdu Salomon et tant d'autres Rois, et commença d'ébranler l'autorité de l'Église, les sages lui dénoncèrent qu'en remuant ce seul point, il mettait tout en péril, et qu'il donnait, contre son dessein, une licence effrénée aux âges suivans. Les sages le prévirent ; mais les sages sont-ils crus en ces temps d'emportement, et ne se rit-on pas de leurs prophéties ? Ce qu'une judicieuse prévoyance n'a pu mettre dans l'esprit des hommes, une maîtresse plus impérieuse, je veux dire l'expérience, les a forcés de le croire.

PORTRAIT D'UN AMBITIEUX.

Un homme s'est rencontré d'une profondeur d'esprit incroyable, hypocrite rafiné autant qu'habile politique, capable de tout entreprendre et de tout cacher, également actif et infatigable dans la paix et dans la guerre, qui ne laissait rien à la fortune de ce qu'il pouvait lui ôter par conseil et par prévoyance ; mais, au reste, si vigilant et si prêt à tout, qu'il n'a jamais manqué les occasions qu'elle lui a

présentées ; enfin, un de ces esprits re-
muans et audacieux, qui semblent être
nés pour changer le monde. Que le sort
ds tels esprits est hasardeux ! et qu'il en
paraît dans l'histoire à qui leur audace a
été funeste ! Mais aussi que ne sont-ils pas
quand il plaît à Dieu de s'en servir !

Il fut donné à celui-ci de tromper les
peuples, et de prévaloir contre les Rois ;
car comme il eut apperçu que, dans ce
mélange infini de sectes qui n'avaient plus
de règles certaines, le plaisir de dogma-
tiser sans être repris ni contraint par aucune autorité ecclésiastique ni séculière,
était le charme qui possédait les esprits,
il sut si bien les concilier par là, qu'il fit
un corps redoutable de cet assemblage
monstrueux.

Quand une fois on a trouvé le moyen
de prendre la multitude par l'appât de
la liberté, elle suit en aveugle, pourvu
qu'elle en entende seulement le nom.

Ceux-ci occupés du premier objet qui les avait transportés, allaient toujours, sans regarder qu'ils allaient à la servitude ; et leur subtil conducteur qui, en combattant, en dogmatisant, en faisant le docteur et le prophète, aussi bien que le soldat et le capitaine, vit qu'il avait tellement enchanté le monde, qu'il était regardé de toute l'armée comme un chef envoyé de Dieu pour la protection de l'indépendance, commença à s'appercevoir qu'il pouvait encore les pousser plus loin.

Je ne vous raconterai pas la suite trop fortunée de ses entreprises , ni ses fameuses victoires dont la vertu était indignée, ni cette longue tranquillité qui a étonné l'univers. C'était le conseil de Dieu d'instruire les Rois à ne point quitter son Église : il voulait découvrir par un grand exemple, tout ce que peut l'hérésie, combien elle est naturellement indocile et indépendante, combien elle est fatale à la royauté et à toute autorité légitime.

Au reste, quand ce grand Dieu a choisi quelqu'un pour être l'instrument de ses desseins, rien n'en arrête le cours; ou il enchaîne, ou il aveugle, ou il dompte tout ce qui est capable de résistance. » Je suis le Seigneur, c'est moi qui ai fait la terre avec les hommes et les animaux, et je les mets entre les mains de qui il me plaît. Et maintenant j'ai voulu soumettre ces terres à Nabuchodonosor mon ser-viteur. » (*Jérém.* 27). Il l'appelle son serviteur quoique infidèle, à cause qu'il l'a nommé pour exécuter ses décrets. » Et j'ordonne que tout lui soit soumis, jusqu'aux animaux. » Tant il est vrai que tout ploie, et que tout est souple quand Dieu le commande. Les temps sont mar-qués, comme les générations sont comp-tées. Dieu détermine jusqu'à quand doit durer l'assoupissement, et quand aussi se doit réveiller le monde. (*Orais. fun. de la R. d'Angl.*)

~~~~~~~~~~~~~~~~~~~~~~~~~~~~~~~~~~

CARACTÈRE PARTICULIER
DE CHAQUE MAISON RÉGNANTE.

QUE je méprise ces Philosophes, qui mesurant les conseils de Dieu à leurs pensées, ne le font auteur que d'un certain ordre général d'où le reste se développe comme il peut. Comme s'il avait à notre manière des vues générales et confuses, et comme si sa souveraine intelligence pouvait ne pas comprendre dans ses desseins les choses particulières qui seules subsistent véritablement. N'en doutons pas, Chrétiens, Dieu a préparé dans son conseil éternel les familles particulières qui sont la source des nations ; et dans toutes les nations, les qualités dominantes qui devaient en faire la fortune. Il a aussi ordonné dans les nations les familles particulières dont elles sont composées ; mais principalement celles qui doivent gouverner ces nations, et en particulier dans ces familles, tous les hommes par lesquels elles doivent ou s'élever, ou se soutenir, ou s'abattre.

On remarque dans l'Écriture que Dieu donne aux Maisons royale certains caractères propres, comme celui que les Syriens, quoique ennemis des Rois d'Israël, leur attribuent par ces paroles : » Nous avons appris que les Rois de la maison d'Israël sont clémens. »

Qu'est-il besoin de parler de la très-chrétienne Maison de France qui, par sa noble constitution, est incapable d'être assujettie à une famille étrangère ; qui est toujours dominante dans son Chef ; qui, seule dans tout l'univers et dans tous les siècles, se voit, après huit cents ans d'une royauté établie, en possession du royaume le plus illustre qui fut jamais sous le soleil,

et

et devant Dieu , et devant les hommes :
devant Dieu , d'une pureté inaltérable
dans la foi ; et devant les hommes , d'une
si grande dignité , qu'il a pu perdre l'empire sans perdre sa gloire ni son rang.

~~~~~~~~~~~~~~~~

LE FONDEMENT DES EMPIRES
RENVERSÉ PAR LES MAUVAISES DOCTRINES.

DIEU qui est le père et le protecteur
de la société humaine, qui a ordonné les
Rois pour la maintenir, qui les a appelés
ses Christ, qui les a faits ses lieutenans, et
qui leur a mis l'épée en main pour exercer
sa justice, a bien voulu, à la vérité, que
la religion fut indépendante de leur puissance, et s'établit dans les états malgré les
efforts qu'ils feraient pour la détruire ;
mais il a voulu en même temps que, bien
loin de troubler le repos de leurs empires,
ou d'affaiblir leur autorité , elle la rendît
plus inviolable, et montrât par la patience

9

qu'elle inspirait à ses défenseurs, que l'obéissance qu'on leur doit est à toute épreuve.

C'est un mauvais caractère, et un des effets des plus odieux des mauvaises doctrines d'armer les sujets contre leurs Princes et leur patrie, et de remplir tout l'univers de guerres civiles. Il est encore plus odieux et plus mauvais de le faire par principes, et d'établir des maximes séditieuses qui tendent à la subversion de tous les empires et à la dégradation de toutes les puissances établies de Dieu.

Il n'y a rien de plus opposé au christianisme que cet esprit de révolte, ni rien de plus beau à l'ancienne Église, que d'avoir été tourmentée et persécutée jusqu'aux dernières extrémitées, durant trois cents ans, et depuis, à diverses reprises, par des Princes hérétiques ou infidèles, et d'avoir toujours conservé, dans une oppression si violente, une inaltérable douceur, et une inviolable fidélité envers les Puissances.

C'est un miracle visible qu'on ne voie durant tous ces temps, ni sédition, ni révolte, ni aigreur, ni murmure parmi les Chrétiens : et ce qu'il y avait de plus remarquable dans leur conduite, c'était la déclaration solennelle qu'ils faisaient de pratiquer cette soumission envers l'empire persécuteur, non point comme une chose de perfection et de conseil, mais comme une chose de précepte et d'obligation indispensable; alléguant, non seulement les exemples, mais encore les commandemens exprès de Jésus-Christ et des Apôtres: d'où ils concluaient que l'empire ni les Empereurs n'auraient jamais rien à craindre des Chrétiens, eu quelque nombre qu'ils fussent, et quelques persécutions qu'on leur fit souffrir. Il n'y a donc rien de plus opposé au christianisme que la *Philosophie moderne*, puisque celle-ci se fait un principe de révolte contre *l'autorité légitime*, tandis que dans l'autre on en fait un de l'obéissance et de la fidélité.

<hr />

LES MAUVAISES DOCTRINES

SOURCES DE RÉVOLTE.

L'ESPRIT de sédition et de révolte a pris naissance et s'est perpétué dans les hérésies. Les Donatistes sont les premiers qui ont pris séditieusement les armes avec une ardeur furieuse, sous prétexte de persécution. Il n'y a personne qui ne sache les fureurs de leurs circumcellions ; et les violences de ce parti séditieux ont égalé les ravages que les barbares faisaient alors dans les plus belles provinces de l'empire.

Les Manichéens, les plus insensés et les plus impies de tous les hommes, ont fait des guerres réglées à leurs Souverains pour la même cause.

Les Albigeois ont suivi ce mauvais exemple; aussi étaient-ils de dignes rejetons de l'abominable secte des Manichéens.

Les Vicléfistes n'ont point eu honte de marcher sur leurs pas; les Hussites et les Taboristes les ont imités, et on sait l'histoire des Luthériens et des Calvinistes. Sous les règnes faibles de François II et de Charles IX. le parti calviniste n'eut pas plutôt senti ses forces, qu'il ne médita rien moins que de partager l'autorité, de s'emparer de la personne des Rois, et de faire la loi aux Catholiques. Il alluma la guerre dans toutes les villes et dans toutes les provinces : il appela les étrangers de toutes parts au sein de la France, comme à un pays de conquête, et mit ce florissant royaume, l'honneur de la chrétienté, sur le bord de sa ruine.

LES FLATTEURS DES PEUPLES
ÉTABLISSENT LA TYRANNIE.

EN parcourant toutes les histoires des usurpateurs, on les verra presque toujours flatteurs des peuples. C'est toujours, ou leur liberté qu'on veut leur rendre, ou leurs biens qu'on veut leur assurer, ou leur religion qu'on veut rétablir. Le peuple se laisse flatter et reçoit le joug. C'est à quoi aboutit la souveraine puissance dont on le flatte ; et il se trouve que ceux qui flattent le peuple, sont en effet les suppôts de la tyrannie. C'est ainsi que les états monarchiques se font des maîtres plus absolus que ceux qu'on leur fait quitter, sous prétexte de les affranchir. Les lois qui servaient de rempart à la liberté publique s'abolissent, et le prétexte d'affermir une domination naissante rend tout plausible.

INDÉPENDANCE DES ROIS.

La loi du Deutéronome marquait au Roi ce qu'il devait faire ; et celle du livre des Rois marquait au peuple à quoi il s'était soumis en demandant un Roi. Cette loi du Deutéronome ne prescrit aucune peine qu'on puisse imposer aux Rois s'ils manquent à leur devoir ; tout au contraire de ce qu'on voit partout ailleurs, où la peine de la transgression suit toujours l'établissement du précepte. Lorsque Dieu commande aux Rois, il n'ordonne aucune peine contre eux ; et encore qu'il n'ait rien omis dans la loi pour bien instruire son peuple, on n'y trouve aucun vestige de ce pouvoir sur les Rois, que l'hérésie donne comme le seul fondement de la liberté : au contraire tout y tend visiblement à l'indépendance des Rois.

La preuve démonstrative que tel est

l'esprit de la loi et la condition de régner
parmi les Hébreux, c'est la pratique constante et perpétuelle de ce peuple, qui
jamais ne se permit rien contre ses Rois.
Il y avait une loi expresse qui condamnait
les adultères à la mort; mais nul autre
que Dieu n'entreprit de punir David qui
était tombé dans ce crime. La loi condamnait encore à mort celui qui portait
le peuple à l'idolâtrie, et si une ville en-
tière en était coupable, elle était sujette
à la même peine; mais nul n'attenta rien
sur Jéroboam qui érigea les veaux d'or.
Dieu le punit; mais il demeura à l'égard
des hommes paisible possesseur du royaume que Dieu lui avait donné.

Ainsi en fut-il d'Achab et de Jézabel,
d'Achaz et de Manassès, et de tant d'autres
Rois qui invitaient ou forçaient les peuples à l'idolâtrie. Et néanmoins, ni les
grands, ni les petits, ni tout le peuple,
ni les Prophètes, qui envoyés de la part

de Dieu, devaient parler plus haut que tous les autres, et qui parlaient en effet si puissamment aux Rois les plus redoutables, ne leur reprochaient jamais la peine de mort qu'ils avaient encourue selon la loi. Pourquoi? si ce n'est qu'on entendait qu'il y avait dans toutes les lois, selon ce qu'elles avaient de pénal, une tacite exception en faveur des Rois : en sorte qu'il demeurait pour constant qu'ils ne répondaient qu'à Dieu seul.

» J'observe la bouche du Roi : il fait tout ce qui lui plaît, et sa parole est puissante ; et personne ne peut lui dire : pourquoi faites-vous ainsi? Personne ne résiste à son pouvoir, ni ne lui dit : pourquoi le faites-vous? (*Eccl.*)

(du 5.e Avert. aux Protestans).

RÉVOLUTIONS DES EMPIRES.

DIEU qui avait dessein de se servir des divers empires pour châtier, ou pour étendre, ou pour protéger son peuple, voulant se faire connaître pour l'auteur d'un si admirable conseil, en a découvert le secret à ses Prophètes, et leur a fait prédire ce qu'il avait résolu d'exécuter. C'est pourquoi, comme les empires entraient dans les desseins de Dieu sur le peuple qu'il avait choisi, la fortune de ces empires se trouve annoncée par les mêmes oracles du S. Esprit qui prédisent la succession du peuple fidèle.

Ainsi, quand vous voyez passer comme en un instant devant vos yeux, je ne dis pas les Rois et les Empereurs, mais ces grands empires qui ont fait trembler tout l'univers ; quand vous voyez les Assyriens anciens et nouveaux, les Mèdes, les Perses, les Grecs, les Romains, se présenter devant vous successivement, et tomber, pour ainsi dire, les uns sur les autres, ce fracas effroyable vous fait sentir qu'il n'y a rien de solide parmi les hommes, et

que l'inconstance et l'agitation est le propre partage des choses humaines.

Dieu qui a fait l'enchaînement de l'u-
nivers, et qui tout puissant par lui-même,
a voulu, pour établir l'ordre, que les
parties d'un si grand tout dépendissent
les unes des autres: ce même Dieu a voulu aussi que le cours des choses humaines
eut sa suite et ses proportions ; je veux
dire que les hommes et les nations ont eu
des qualités proportionnées à l'élévation à
laquelle ils étaient destinés, et qu'à la ré-
serve de certains coups extraordinaires
où Dieu voulait que sa main parut toute
seule, il n'est point arrivé de grand changement qui n'ait eu ses causes dans les
siècles précédens. Et comme dans toutes
les affaires il y a ce qui les prépare, ce
qui détermine à les entreprendre, et ce
qui les fait réussir, la vraie science de
l'histoire est de remarquer dans chaque
temps ces secrètes dispositions qui ont

préparé les grands changemens , et les conjonctures importantes qui les ont fait arriver.

———————

L'amour de la liberté , celui de la gloire et des conquêtes rend les esprits difficiles à manier ; et cette audace qui fait tout entreprendre au dehors , ne peut manquer de porter la division au dedans.

Ainsi Rome si jalouse de sa liberté , par cet amour de la liberté qui était le fondement de son état , a vu la division se jeter dans tous les ordres dont elle était composée. De là ces jalousies furieuses entre le Sénat et le peuple , entre les patriciens et les plébéiens ; les uns alléguant toujours que la liberté excessive se détruit enfin elle-même , et les autres craignant , au contraire , que l'autorité des grands , qui de sa nature croit toujours , ne dégénérât enfin en tyrannie.

Entre ces deux extrémités , un peuple

d'ailleurs si sage, ne put trouver le milieu.
L'intérêt particulier, qui fait que de part
et d'autre on pousse plus loin qu'il ne faut
même ce qu'on a commencé pour le bien
public, ne permettait pas qu'on demeurât
dans des conseils modérés. Les esprits
ambitieux et remuants excitaient les jalousies pour s'en prévaloir ; et ces jalousies, tantôt plus couvertes et tantôt plus
déclarées, selon les temps, mais toujours
vivantes dans le fond des cœurs, ont enfin
causé ce grand changement qui arriva du
temps des Césars.

———

Le long enchaînement des causes particulières qui font et défont les empires,
dépend des ordres secrets de la divine
Providence.

Dieu tient du plus haut des cieux les
rênes de tous les royaumes ; il a tous les
cœurs en sa main : tantôt il retient les pas-

sions, tantôt il leur lâche la bride, et par
là il remue tout le genre humain.

Veut-il faire des conquérans, il fait
marcher l'épouvante devant eux, et il ins-
pire à eux et à leurs soldats une hardiesse
invincible.

Veut-il faire des législateurs, il leur
envoie son esprit de sagesse et de prévoyance ; il leur fait prévenir les maux
qui menacent les états, et poser les fondemens de la tranquillité publique. Il
connaît la sagesse humaine toujours courte
par quelque endroit : il l'éclaire, il étend
ses vues, et puis il l'abandonne à ses igno-
rances ; il l'aveugle, il la précipite, il la
confond par elle-même : elle s'enveloppe,
elle s'embarrasse dans ses propres subti-
lités, et ses précautions lui sont un piége.

Dieu exerce par ce moyen ses redoutables jugemens, selon les règles de sa
justice toujours infaillible : c'est lui qui
prépare les effets dans les causes les plus

éloignées, et qui frappe ces grands coups
dont le contre-coup porte si loin : quand
il veut lâcher le dernier, et renverser les
empires, tout est faible et irrégulier dans
les conseils. L'Égypte, autrefois si sage,
marche enivrée, étourdie et chancelante,
parce que le Seigneur a répandu l'esprit
de vertige dans ses conseils : elle ne sait
plus ce qu'elle fait ; elle est perdue.

Mais que les hommes ne s'y trompent
pas, Dieu redresse quand il lui plaît le
sens égaré ; et celui qui insultait à l'aveu-
glement des autres tombe lui-même dans
des ténèbres plus épaisses, sans qu'il faille
souvent autre chose pour lui renverser le
sens que ses longues prospérités.

C'est ainsi que Dieu règne sur tous les
peuples. Ne parlons plus de hasard ni de
fortune, ou parlons-en seulement comme
d'un nom dont nous couvrons notre igno-
rance. Ce qui est hasard à l'égard de nos
conseils incertains, est un dessein concerté

dans un conseil plus haut, c'est-à-dire, dans ce conseil éternel qui renferme toutes les causes et tous les effets dans un même ordre. De cette sorte tout concourt à la même fin ; et c'est faute d'entendre le tout, que nous trouvons du hasard et de l'irrégularité dans les rencontres particulières.

Par là se vérifie ce que dit l'Apôtre (1. *Tim.* 6. 15.) » Que Dieu est heureux et le seul puissant, Roi des Rois, et Seigneur des Seigneurs. » Heureux, dont le repos est inaltérable, qui voit tout changer sans changer lui-même, et qui fait tous les changemens par un conseil immuable, qui donne et qui ôte la puissance, qui la transporte d'un homme à un autre, d'une maison à une autre, d'un peuple à un autre, pour montrer qu'ils ne l'ont tous que par emprunt, et qu'il est le seul en qui elle réside naturellement.

C'est pourquoi tous ceux qui gou-

vernent

vernent se sentent assujettis à une force
majeure : ils font plus ou moins qu'ils
ne pensent, et leurs conseils n'ont jamais
manqué d'avoir des effets imprévus :
ni ils ne sont maîtres des dispositions
que les siècles passés ont mises dans
les affaires; ni ils ne peuvent prévoir le
cours que prendra l'avenir, loin qu'ils
le puissent forcer. Celui-là seul tient tout
en sa main qui sait le nom de ce qui est
et de ce qui n'est pas encore, qui préside
à tous les temps, et prévient tous les
conseils.

————

Alexandre ne croyait pas travailler
pour ses capitaines, ni ruiner sa maison
par ses conquêtes. Quand Brutus inspirait au Peuple romain un amour immense
de la liberté, il ne songeait pas qu'il jetait
dans les esprits le principe de cette licence
effrénée par laquelle la tyrannie qu'il
voulait détruire devait être un jour ré-

tablie plus dure que sous les Tarquins.
Quand les Césars flattaient les soldats,
ils n'avaient pas dessein de donner des
maîtres à leurs successeurs et à l'empire.

En un mot il n'y a point de puissance
humaine qui ne serve malgré elle a d'autres desseins que les siens; Dieu seul sait
tout réduire à sa volonté. C'est pourquoi
tout est surprenant, à ne regarder que
les causes particulières, et néanmoins
tout s'avance avec une suite réglée.

DES ROIS DE FRANCE.

QUAND le temps fut arrivé que l'empire
romain devait tomber en Occident, Dieu
destina à la France des Rois qui devaient
être les défenseurs de l'Église. Pour les
convertir à la foi, avec toute la belli-
queuse nation des Francs, il suscita un
S. Remy, ce nouveau Samuel, qui sacra
les Rois de France en la personne de

Clovis, pour être, comme il le dit lui-même, les perpétuels défenseurs de l'Église et des pauvres, ce qui est le plus digne objet de la Royauté. Il les bénit, et leurs successeurs qu'il appelle toujours ses enfans, et priait Dieu nuit et jour qu'ils persévérassent dans la foi. Prière exaucée de Dieu, puisque la France est le seul royaume de la chrétienté qui n'ait jamais vu sur le trône que des Rois enfans de l'Église.

Les enfans de Clovis n'ayant pas marché dans les voies que S. Remy leur avait prescrites, Dieu suscita une autre race pour régner en France. Les Papes et toute l'Église la bénirent en la personne de Pepin qui en fut le chef. L'empire y fut établi en la personne de Charlemagne et de ses successeurs. Aucune famille royale n'a jamais été si bienfaisante envers l'Église romaine; elle en tient toute sa grandeur temporelle: et jamais l'empire ne fut

mieux uni au sacerdoce, ni plus respec-
tueux envers les Papes, que lorsqu'il fut
entre les mains des Rois de France.

Une troisième race monta sur le trône;
race, s'il se peut, plus pieuse que les deux
autres, sous laquelle la France est déclarée par les Papes, » Un royaume chéri et
béni de Dieu, dont l'exaltation est inséparable de celle du Saint Siége. » Race
aussi qui se voit seule dans tout l'univers,
toujours couronnée et toujours régnante
depuis huit cents ans entiers sans inter-
ruption ; et ce qui lui est encore plus glo-
rieux, toujours catholique, Dieu, par son
infinie miséricorde, n'ayant même pas
permis qu'un Prince qui était monté sur
le trône dans l'hérésie y persévérât. Cette
race la plus illustre de l'univers, a pro-
duit S. Louis, le plus saint Roi qu'on ait
vu parmi les chrétiens; *et, de nos jours,
le Roi-Martyr, victime de son amour
pour son peuple.*

La France est le seul royaume de l'univers où, depuis la conversion de Clovis, il ne s'est assis sur le trône que des Princes enfans de l'Église. L'attachement de nos Rois pour le Saint Siége Apostolique semble leur avoir communiqué quelque chose de la fermeté inébranlable de cette pierre sur laquelle l'Église est appuyée, et c'est pourquoi un grand Pape, c'est S. Grégoire, a donné, dès les premiers siècles, cet éloge incomparable à la couronne de France, » Qu'elle est autant au-dessus des autres couronnes du monde, que la dignité royale surpasse les particulières. » Un si grand homme regardait sans doute plus encore la pureté de la foi que la majesté du trône; mais qu'aurait-il dit, s'il avait vu durant quatorze siècles une suite non interrompue de Rois catholiques, depuis Clovis jusqu'à LOUIS-LE-DÉSIRÉ.

FIN.

TABLE DES MATIÈRES.

Principes politiques.   Page 1.
Unité du Genre humain.   2.
Origine de la Société.   4.
Des Gouvernemens.   5.
Des Lois.   9.
Amour de la Patrie.   14.
Autorité royale.   17.
Monarchie héréditaire.   22.
Attachement au Gouvernement établi.   27.
Nature de l'Autorité royale.   28.
L'Autorité royale est absolue.   32.
De la Majesté royale.   39.
Devoirs des Sujets.   45.
Obéissance due au Souverain.   50.
Il faut obéir aux Magistrats.   52.
Des Tributs.   54.
Obéissance aux Princes impies.   55.
Remontrances des Sujets.   60.
La Religion n'autorise pas la révolte.   61.
Religion du serment.   64.
Le hasard ne gouverne rien.   67.
Union et indépendance du Sacerdoce et de l'Empire.   70.
La véritable Religion rend la constitution des états plus stable et plus solide.   72.

(iij)

Il faut obéir par conscience.   *Page* 75.

Exemple des Grands.   77.

Les Grands doivent être bons.   *Ibid.*

Dieu instruit les Princes.   79.

Union du Prince et des Sujets.   80.

Droits de la Royauté.   81.

L'erreur n'a qu'un terme.   82.

Portrait d'un ambitieux.   83.

Caractère particulier de chaque Maison régnante. 87.

Le fondement des empires renversé par les mauvaises doctrines.   89.

Les mauvaises doctrines sources de révoltes.   92.

Les flatteurs des peuples établissent la tyrannie. 94.

Indépendance des Rois.   95.

Révolutions des Empires.   97.

Des Rois de France.   106.

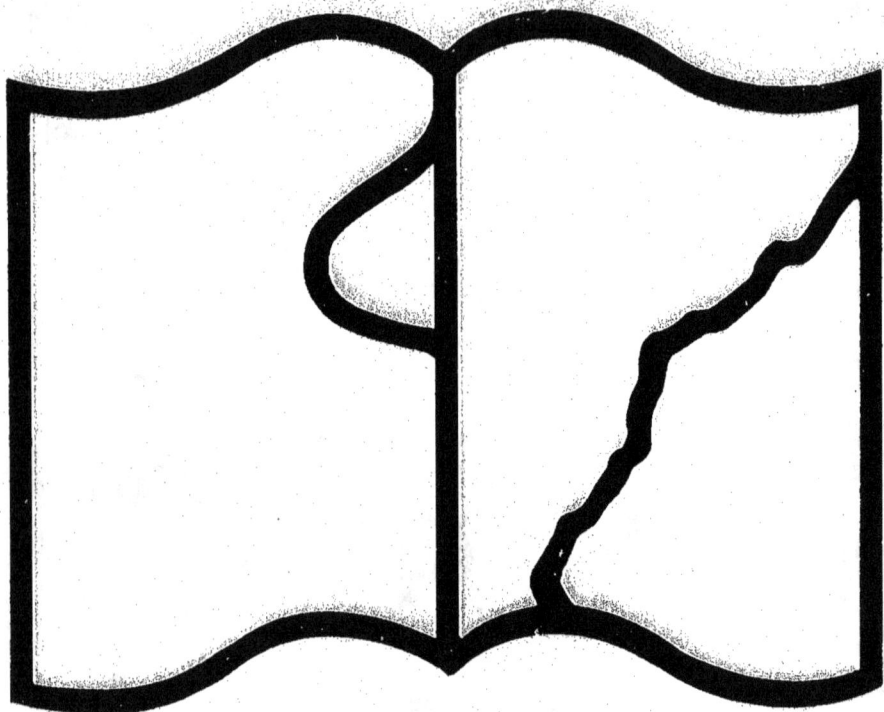

Texte détérioré — reliure défectueuse

NF Z 43-120-11

Reliure serrée

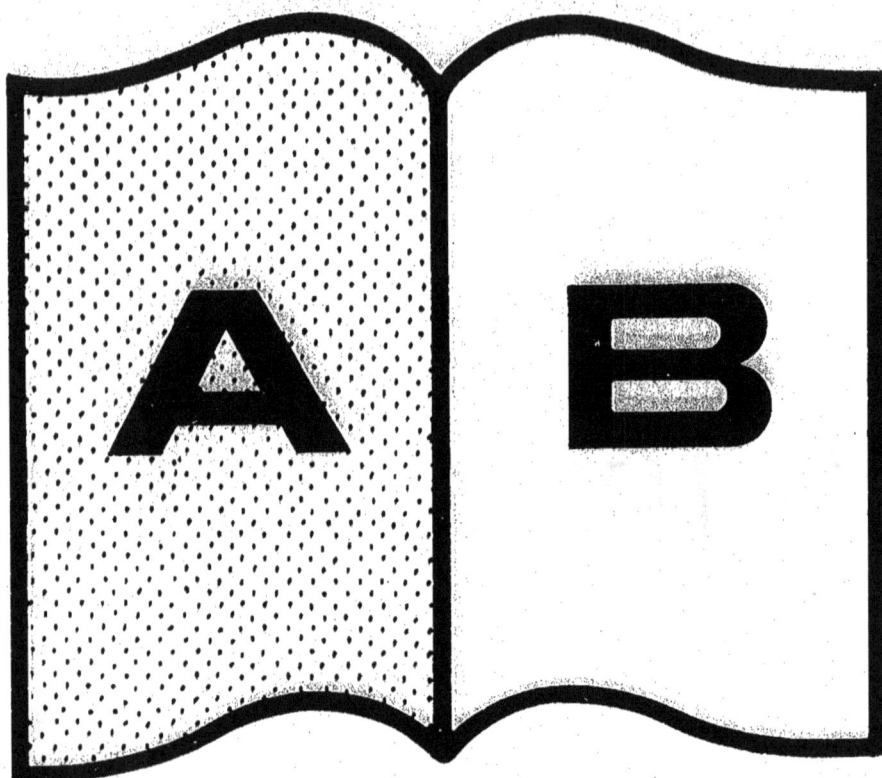

Contraste insuffisant

www.ingramcontent.com/pod-product-compliance
Lightning Source LLC
Chambersburg PA
CBHW052035270326
41931CB00012B/2493